theater spiel
Band 5
Maskenbilden und Schminken

Adalbert Serger

aus der Reihe

theater spiel
Band 5

Maskenbilden und Schminken

für Amateurtheater und Laienspiel

Meyer & Meyer Verlag

Die Deutsche Bibliothek – CIP-Einheitsaufnahme

Serger, Adalbert:
Maskenbilden und Schminken – für Amateurtheater und Laienspiel / Adalbert Serger.
4. Aufl. – Aachen : Meyer und Meyer, 1996
ISBN 3-89124-048-1

© 1986 by Meyer & Meyer Verlag, Aachen
3. unveränderte Auflage 1994
4. Auflage 1996
Einbandgestaltung: Adalbert Serger
Satz: Times, Fotosatz Sigrid Münch, Kall
Druck: Druckerei Gerhard Queck, Jüchen
Printed in Germany
ISBN 3-89124-048-1

Inhalt

5

Einführung

Der Wunsch des Menschen, ein anderer zu sein oder sich anders zu geben, als er vom Naturell her ist, reicht bis in die graue Vorzeit der Kulturanfänge zurück. Der Sündenfall und das Erkennen der Blöße, welches Adam und Eva veranlaßten, sich mit einem Feigenblatt zu bedecken, war der Anfang zu Kleidung und damit auch zur Verkleidung — und Verkleidung heißt nichts weiter, als durch eine Veränderung des Äußeren spekulativ mit dem neuen Aussehen Eindruck machen zu wollen und einen bestimmten Effekt zu erzielen. Hier beginnt die Koketterie, die Erprobung und Versuchung. Vor Jahrtausenden wurde somit indirekt die Grundlage für Spiel und Theater gelegt.

Die Höhlenmenschen trugen Felle, um sich gegen Wind und Wetter zu schützen. Sie erkannten alsbald, daß sie sich, eingehüllt in das Fell zahmer Tiere, bei der Jagd unauffällig dem Wild nähern konnten. Dieses ist uns noch aus dem letzten Jahrhundert von den Gewohnheiten der Indianer bekannt. Aus anderem Grund, nämlich das Wissen vom *wilden, furchterregenden Aussehen* nutzend, trugen die Germanen Felle mit den Köpfen wilder Tiere bei ihren kriegerischen Auseinandersetzungen und schreckten durch diesen Anblick ihre Feinde. Eine andere Form der Veränderung des Äußeren ist das Schminken von Gesicht und Körper und das Aufsetzen von Masken, wie es von den Naturvölkern aus rituellen Gründen oder zur Geisterbeschwörung getan wird.

Sich Kleiden oder Verkleiden in der Neuzeit — dieses kann aus Gründen der Neugierde und Freude, als Erprobung oder aus einem Verkleidungsbedürfnis heraus erfolgen und ist — auf der Suche nach dem eigenen Ich und dessen Bestätigung und der Frage nach der Wirksamkeit auf die Mitmenschen — eine Imagefrage. Jeder Mensch arbeitet mehr oder weniger bewußt an seinem Image — dem Persönlichkeitsbild. Mit einer sinnvollen Veränderung des Äußeren — einer Manipulation folglich — kann die Person von der Erscheinung her aufgewertet werden. »Wir formen uns so sehr nach den Erwartungen anderer, daß wir die Maske . . . annehmen, die das Leben uns zuweist, und wir verwachsen so mit unserem Typus, bis er unser ganzes Verhalten, einschließlich der Gangart und des Gesichtsausdruckes geprägt hat.« (Ernst H. GOMBRICH)

Wir wollen einen guten Eindruck machen, spielen unseren Part und müssen aufpassen, daß wir nicht *aus der Rolle fallen*. Wir wissen, daß *Kleider machen Leute* nicht nur ein Sprichwort ist, daß ein

Mensch mit Brille häufig als intelligent und ein langhaariger, junger Mann als unsauber angesehen wird. — Die Kleidung kann somit als *Verwandlung*, Make-up und Frisur als typunterstreichendes oder typveränderndes Hilfsmittel und damit als *Maskierung* angesehen werden. Es kann die Natürlichkeit betonen, die Nachahmung von Idolen ermöglichen und einen neuen Typ zeigen.

Das Unterstreichen der Individualität — was nicht unbedingt Schönheit sein muß — ist das Bekenntnis zum eigenen Ich, zu seinem Typ. In der Eigenwilligkeit und dem Geltungsbewußtsein kann es bis zur Provokation der bürgerlichen Gesellschaft reichen, wie es beispielsweise die ausgeflippte Punkmode beabsichtigt. Die Erscheinungsformen gehen hin bis zum absurden Abschreckend-Häßlichen. Ästheten und Moralisten als etablierte Gesellschaft kennen nur das Vorurteil des Schönen und den *guten Geschmack* und lassen nichts anderes gelten. Dabei ist Kleidung nichts weiter als Ausdruck der inneren Haltung, ist Kommunikationsmittel nonverbaler Art, denn mit der Kleidersprache werden Signale gesetzt.

Zu allen Zeiten gab es Gegensätze in der Kleidung bei Arm und Reich. Bestimmte Kleidungsstücke, Pelze und Farben waren nur Privilegierten vorbehalten. In der heutigen Aufgeklärtheit ist es nicht mehr möglich, durch Kleidung Macht zu symbolisieren — und doch läßt man sich nach wie vor durch außergewöhnliche Kleidung beeindrucken und *blenden*. Sie irritiert. Die *Lebewelt* bevorzugte immer aufsehenerregende Kleidung und grelle Farben. So sind auch die übertriebenen Haartrachten des Rokoko die Erklärung für die Verlogenheit der dekadenten Hofgesellschaft. Beispiele aus der Kulturgeschichte gibt es noch viele. Immer sind diese Erscheinungsformen von Milieu und Personencharakteristika als Information für die Darstellung auf der Bühne zu sehen und zu nutzen, denn sie haben auch dort ihre Gültigkeit.

Starke Persönlichkeiten (Charaktere) bekennen sich zu ihrem Typ und stellen ihn heraus. Sie fragen nicht nach modischer Schönheit oder danach, welcher Typ *in* ist. Sie wollen akzeptiert werden wie sie sind.

Was ist Schönheit überhaupt? Ist *Schön-zu-sein* erstrebenswert? Wenn man der Presse glauben soll, ja! Gibt es überhaupt einen Idealtyp? Sicherlich gab es zu allen Zeiten Idealvorstellungen vom Aussehen des Menschen; denke man nur an ADONIS und VENUS und an das Urteil des PARIS, aber auch an die unterschiedlichen Ansichten über Schönheit: an die *barocken Leiber* von RUBENS, die TWIGGY-Zeit oder an die ausrasierten Stirnen der Frauen in der Renaissance. Die Frage ist nur so zu beantworten, daß Schönheit

8

nicht nur eine Zeit-, sondern auch eine Geschmacksfrage ist. Und doch gibt es einen allgemeingültigen und verstehbaren Schönheitsbegriff — nämlich in der Betrachtungsweise des Theaters! Hier gilt es stets (wenn es gefordert wird), das allgemeinverständliche Idealbild von *Schön* zu erstellen, weil von einem guten Aussehen das Publikum stets angesprochen und positiv beeinflußt wird.

Hierbei ist beispielsweise sexuelle Attraktivität schon eine Überzeichnung und Abweichung von *Normal-Schön*. Es ist eine Variante des Schönen mit erotischer Signalsetzung. Eine leicht verständliche Unterscheidung, wie wir auch starke und schwache Charaktere in ihrer typischen Verhaltensweise kennen (als Eigenschaft) und farblose, nichtssagende Gesichter von einem auffälligen Charakterkopf oder eine herausragende Erscheinungsform im Gesicht (als Erscheinungsbild) voneinander zu unterscheiden wissen.

Wenn sich starke Charaktere zu ihrem Typ und Aussehen bekennen, so sind die Schwachen, mit vielleicht farblosem Gesicht und schwacher Persönlichkeitsaussage, stets verunsichert und auf der Suche nach Aufwertung und Profilierung. Sie sind mit sich und der Wirkung auf die Umwelt unzufrieden, sind ansprechbar und manipulierbar, lassen sich beeinflussen und vermarkten. Nicht zu verwechseln mit der Aufgeschlossenheit für z. B. Mode, wo die neuesten Kreationen zur Unterstützung der Lebensfreude oder der Darstellung des eigenen Ichs gebraucht und Kleidung gelegentlich zur *Verwandlung* getragen wird.

Jeder Mensch ist mit seinen Stärken und Schwächen ein Individuum und führt sein Eigenleben mit persönlicher, wenn auch durch verschiedene Umstände eingeschränkter Entfaltungsmöglichkeit und Daseinsberechtigung. Er ist in seiner Eigenpersönlichkeit zu respektieren und sein Verhalten und Äußeres darf von uns nicht oberflächlich gewertet werden. Und doch muß derjenige, der Menschen für die Bühne gestalten will, sich kritisch mit menschlicher Verhaltensweise und dem Aussehen auseinandersetzen, muß Menschen beobachten, Verhaltensweisen und mimische Äußerungen zu deuten versuchen und ein mehr oder weniger guter Menschenkenner sein, der die Körpersprache als nonverbale Kommunikation sieht und Erscheinungsformen des Körperbautyps und der Physiognomie (in bestimmter Weise geprägtes, geschnittenes Gesicht; Erscheinungsbild, Ausdruck eines Gesichtes: z. B. eine einprägsame, ernste, stets heitere, unsympathische Physiognomie) wahrnimmt und registriert. Das Erkennen des sich offenbarenden Charakters ist der erste Schritt zur Menschenkenntnis.

Jede Figur und jedes Gesicht vermittelt uns ein Bild von einem Menschen und macht einen bestimmten Eindruck auf uns. Ein Gesicht ist individuell geartet und hebt sich mehr oder weniger stark von anderen ab oder es ist unscheinbar und geht in der Menschenmenge unter. Bei Anwesenheit vieler Menschen fällt schnell der Blick auf eine Person, die in irgendeiner Weise aus der Masse herausragt. Nun muß es nicht gleich ein Charakterkopf sein, der die Aufmerksamkeit auf sich lenkt. Die Eigenwilligkeit kann auch in der Gesichtsmodellierung, in ausdrucksstarken Augen oder einem schön geformten Mund, im Hautton, der Haarfarbe oder einer extravaganten Frisur bestehen. Im Detail erkannte, auffällige Merkmale im Gesicht sind Symbole, die für eine bestimmte Aussage oder vielleicht für eine bestimmte Charaktereigenschaft stehen (sinnlicher Mund) und für ein eigenwilliges Naturell typisch sind. Diese lassen sich in ein fremdes Gesicht einzeichnen oder mit plastischen Mitteln erstellen und zeigen uns damit einen bestimmten Menschentyp auf.

Für das Theater ist das Herausstellen eines Rollencharakters eine dramaturgisch notwendige Information. Die Ausdrucksmittel des Schauspielers sind hierbei durch entsprechendes Schminken und durch das Setzen von Merkmalen zu unterstützen, denn eine Maske soll einen Charakter verdeutlichen. Mit Einfühlungsvermögen und manueller Geschicklichkeit ist der Gestaltungsmöglichkeit ein großer Spielraum eingeräumt. Die Voraussetzung für die richtige Wiedergabe von Formtypen, angefangen bei ihrer naturellentsprechenden Verhaltensweise bis hin zu charakterlichem Mienenspiel bei typischen Gesichtszügen, ist die Wahrnehmungsfähigkeit und Typerkennung. Um aber Typen zu erkennen muß man Menschen beobachten und die verschiedenen Naturelle voneinander unterscheiden lernen.

Die Unterschiedlichkeit der Charaktere ist Stoff für die Literatur und Grundlage für die Theatergestalten. Das Rollenverhalten äußert sich im Handlungsablauf verbal und optisch, wobei letzteres in mimisch und pantomimisch zu unterscheiden ist. Es zeigt dramaturgisch bedingte Konfrontationen und löst Konflikte aus. Dieses wird sich im visuell-szenischen Geschehen pantomimisch und mimisch äußern und bedarf, entsprechend dem Aufführungsstil, einer erkennbaren Figurbetonung, die bis zum *Überzeichneten-Theatralen* reichen kann. Dieses muß auch in der Maske seinen Niederschlag finden.

So sind Charaktere bestimmter Bühnenfiguren deutlich herauszustellen, und das in der Art, wie sie dem Publikum verständlich sind und von ihm gesehen werden wollen. Übertrieben heißt das: »Der Teufel des gemeinen Volkes ist zumeist hager und hat einen dünnen Spitzbart am schmalen Kinn, während die Dickteufel einen Einschlag von gutmütiger Dummheit haben. Der Intrigant hat einen

Buckel und hüstelt. Die alte Hexe hat ein dürres Vogelgesicht. Wo es heiter und saftig zugeht, da erscheint der dicke Ritter Falstaff, rotnasig und mit spiegelnder Glatze. Die Frau aus dem Volk mit dem gesunden Menschenverstand zeigt sich untersetzt, kugelrund und stemmt die Arme in die Hüften.« Professor Ernst KRETSCHMER stellt diese Worte seinem wissenschaftlichen Werk *Körperbau und Charakter* voran, und zeigt damit die Volksmeinung auf.

Die vorgenannten Figuren sind klischeehaft dargestellt. Aber dieses Beispiel der überzeichneten, typischen Theatercharaktere zeigt für jeden verständlich die Assoziation, die der Mensch praktiziert, indem er einem Charakter ein bestimmtes Aussehen zuordnet und umgekehrt. Der Mensch verbindet außerdem mit einem Namen, wie beispielsweise CARMEN, eine schwarzhaarige Schönheit, wie er den Südländer dunkelhäutig und schwarzhaarig sieht, den Nordländer demgegenüber hellhäutig und blond. Sicherlich sind dieses die typischen Vertreter der mediterranen und nordischen Rasse, doch deswegen muß nicht jeder Angehörige einer bestimmten Rasse dem anderen gleichen. Da es nicht zutrifft, so muß doch für das Theater diese Meinung nachvollzogen werden, und das Erscheinungsbild sollte der Ansicht über das *typische Aussehen* entsprechen oder doch zumindest nahe kommen, damit nicht der Gedanke aufkommt, daß mit der Andersartigkeit des Aussehens eine Absicht verbunden ist. Die Personenaussage muß klar und unmißverständlich sein und darf nicht irritieren.

Die Typbetrachtung am Theater zeigt in der Spanne vom angedeuteten bis zum stilisierten und überzeichneten und damit klischeehaften Charakter ein breites Spektrum. Die Maske soll stets dem Aufführungsstil entsprechen, und so sind am Theater neben den realistischen Masken auch stilisierte Ausdrucksformen geläufig. Hiermit meine ich nicht das Gesicht des Pantomimen in Weiß, nur mit der Betonung des Mundes, der Augen und Augenbrauen, sondern die Masken wie beispielsweise der Commedia dell'arte oder der Peking-Oper, wo es kein individuelles Aussehen gibt und das Persönliche des Darstellers *gesichtslos* bleibt. Die starre Maske erlaubt auch keine Persönlichkeit. Hier kommt es lediglich auf die reine Farbsymbolik als Bildelement an.

Die Auseinandersetzung mit einer Rolle stellt letztlich eine Verkörperung des Dichtergedankens *im wahrsten Sinne des Wortes* dar und fordert die Identifikation mit dem darzustellenden Charakter und seiner Gefühlswelt heraus. Der Darsteller muß folglich in eine Bühnenfigur *hineinschlüpfen* und hat diese mit den ihm gegebenen Gestaltungsmitteln mit Leben zu erfüllen und den Part konsequent durchzuführen. Er muß wandlungsfähig sein, um auch eine, nicht seinem Naturell entsprechende Rolle spielen zu können. Hier hat er seine Wandlungsfähigkeit zu beweisen.

Auf der Bühne ist einerseits dem Menschen der eingangs genannte Wunsch, sich als ein Anderer zu geben, möglich, und doch kann er sich nicht wunschgemäß zeigen, sondern er hat entsprechend der Rollenvorgabe und der Inszenierungskonzeption zu agieren. In der Verkörperung der Bühnenfigur kann er sich mit eigenpersönlichem Verhalten nur insoweit einbringen, wie es mit dem Rollencharakter vereinbar ist. Nur selten ist dem Darsteller die Rolle *auf den Leib geschneidert*; er muß auch gelegentlich gegen sein Alter anspielen oder hat verschiedene Altersphasen im Handlungsablauf schauspielerisch zu bewältigen. Dieses kann er schauspielerisch-mimisch nicht allein ausdrücken, hier bedarf er der Unterstützung durch die Aussagekraft der Maske.

Jung oder alt, schön oder häßlich, Charakter, Rasse oder Fantasie — das sind typische Aufgabenstellungen für das Schminken. Ohne deswegen in Schemamasken zu verfallen, müssen die Schminkmasken doch soviel aussagenotwendige und überzeichnete, typische Charakteristika besitzen — und auch das Beauty-Make-up muß eine Überbetonung in Farbe und Merkmalen vorweisen, damit es dem Publikum im Zuschauerraum auf die Entfernung erkennbar und die Absicht der Maske als Mittel der Information verständlich wird.

Das visuelle Erscheinungsbild einer Theateraufführung

Im Visuell-Szenischen einer Theateraufführung steht der Mensch mit der Verkörperung einer Bühnenfigur im Mittelpunkt. Er trägt die Handlung. Ihn umgibt das Bühnenbild, welches die Handlung lokalisiert, Milieu und soziale Aspekte mitteilt und den Betrachter an den Ort des Geschehens versetzt. Hierbei schafft die Lichtgestaltung mit dramaturgisch begründeten Effekten emotionale Stimmungen. Die Kostümierung als zweite Größe charakterisiert die Person beispielsweise in ihrer gesellschaftlichen Bedeutung bei eventuell historischem Hintergrund, während die Maskengestaltung als dritter Faktor unmittelbar auf die Person Bezug nimmt und ihn mit den charakteristischen und stilnotwendigen Merkmalen versieht. Die Maske unterstützt die Ausdrucksmittel des Schauspielers und führt ihn zu dem geforderten, der Rolle entsprechenden Aussehen unter

Einbeziehung der Individualität hin, welches notwendig ist, um die
Aufgabe zu bewältigen.

Das visuelle Erscheinungsbild einer
Aufführung

Szene

Kostüm

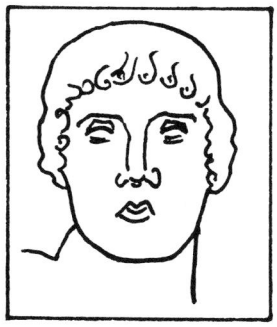

Maske

Das visuelle Erscheinungsbild einer Theateraufführung

Im Rahmen dieser visuellen Inszenierungskonzeption kommt dem Kopf insofern besondere Bedeutung zu, als es sich hier um die Einbeziehung der Individualität des Darstellers handelt, welche seitens der maskenbildnerischen Aufgabenstellung mit sehr viel Einfühlungsvermögen in eine Verwandlung einzubeziehen ist. Grundsätzlich ist daher beim Schminken und der Maskengestaltung zu bedenken, daß die Eigenpersönlichkeit nicht verfälscht, sondern weitgehendst erhalten bleibt und in die Konzeption eingebracht wird. Das Gesicht soll mit möglichst geringen künstlichen Mitteln zu dem geforderten Aussehen hingeführt werden und dabei stets mit dem Typischen, dem Erkennen des Rollencharakters Notwendigen versehen sein. Es darf zu keiner Entfremdung, geschweige denn zu einer Vergewaltigung des Gesichts durch Überladen mit *Malerei* kommen (es sei denn, daß eine stilisierte oder Fantasiemaske zu erstellen ist). Die Maske soll und muß das Eigene einbeziehen und ist um die fehlenden Farben und Merkmale zu ergänzen, damit sie die notwendige, rollenbedingte Information abgibt, die dem Publikum die Bühnenfigur verstehen läßt. Immer spielt das eigene Gesicht mit der vorgegebenen Charakteristika für die Größenordnung der Maskengestaltung eine Bedeutung, ebenso die Bühnen- und Lichtverhältnisse, auf welche die Maske in der Intensität abzustimmen ist.

Das Aussehen einer Bühnenfigur ist von eminenter Bedeutung für die Person selbst und für das Erscheinungsbild einer Aufführung. Von der typgerechten Erscheinung wird das Publikum beeinflußt und mit der Kostümierung und Maskierung wird visuell die Figur aufgezeigt. Die Notwendigkeit des Schminkens ergibt sich außer der rollenbedingten Charakterisierung auch aus der Forderung nach Intensivierung der Farbtöne. Das Bühnenlicht laugt die Hauttöne aus und läßt die Konturen verwaschen erscheinen. Das Gesicht erscheint flach und ausdruckslos. Hinzu kommt, daß zwischen dem Darsteller auf der Bühne und dem Publikum eine große Entfernung liegt, so daß Feinheiten verloren gehen. Oftmals liegt noch ein Orchestergraben dazwischen. Diese Tatsache können wir nutzen, indem wir manipulieren und nicht vorhandene Flächen und Modellierungen in das Gesicht hineinschminken, die im Effekt natürlich wirken und gesetzte Charakteristika oder ein eingezeichnetes Alter glaubwürdig erscheinen lassen. Somit können wir aus fast jedem Gesicht eine *Schönheit* machen und ebenso typmäßige Veränderungen vornehmen. Dieses muß stets in *bühnenwirksamer Intensität* erfolgen, so daß es *über die Rampe geht* und der Entfernung zum Publikum Rechnung trägt. Die stärkere Anwendung von Farben und das bewußte Herausstellen von Details wird dem Betrachter in der ersten Reihe ein *pastos*

14

geschminktes Gesicht zeigen, während es dem weiter entfernt sitzenden Publikum *natürlich* erscheint, in den letzten Reihen jedoch kaum noch wahrgenommen wird und seine Ausdruckskraft eingebüßt hat. Allen einen gleich guten Eindruck zu vermitteln ist nicht möglich.

In der Zeit des Gaslichtes, wo von der Rampe her die Bühne nur unzureichend beleuchtet wurde, schminkten sich die *Mimen* nach ihrem Können oder Unvermögen und entsprechend sahen die Gesichter aus. Mit dem technischen Fortschritt sind die Ansprüche gestiegen. Heutzutage wird selbst vom Laienspiel eine gewisse Perfektion erwartet und kein Dilettantismus geduldet. Ich vertrete den Standpunkt, daß beim Laienspiel mit den zur Verfügung stehenden Mitteln gearbeitet und das Bemühen um eine gute Aufführung *aus eigener Kraft* erkennbar sein soll. Es gilt das Bestmögliche an Qualität anzustreben und einen guten Gesamteindruck zu vermitteln. Dabei darf das Gesicht nicht vernachlässigt werden, geschweige denn eine schlechte Maske womöglich die schwächste Stelle einer Aufführung sein.

Als Teil des visuellen Erscheinungsbildes hat die Maske ihre Bedeutung als Bildelement. Es hebt den Selbstwert des Darstellers wenn er weiß, daß sein Aussehen dem Stil der Aufführung angepaßt ist und er den richtigen Eindruck abgibt. Hierbei ist auch darauf zu achten, daß alle Gesichter stilistisch und farblich aufeinander abgestimmt sind und von keiner Maske ein Stilbruch ausgeht, der als störendes Moment empfunden wird.

Das geschminkte Gesicht — fachmännisch *die Maske* genannt — ist als Teil der Aufführung nicht überzubewerten, spielt aber auch keine untergeordnete Rolle. Die Maske (um bei dieser Bezeichnung zu bleiben), zu der begrifflich das Aussehen des Kopfes in seiner Ganzheit zählt, und außer dem geschminkten Gesicht Frisur und Perücke, Haarteile und Bärte, plastische Masken und Köpfe gehören, hat sich unaufdringlich in das visuelle Erscheinungsbild einzufügen. Damit bestimmt das Maskenbild den Gesamteindruck einer Aufführung mit. Die Aufgabe der Maskengestaltung ist immer zweckgebunden innerhalb dieses Erscheinungsbildes zu sehen.

Grundsätzlich unterscheiden wir zwischen großen und kleinen Bühnen. Das kleine Theater verlangt Natürlichkeit in den Farben und dezente Konturzeichnungen, auch beim Schminken von Charakteren und Altersmasken. Ein Beauty-Make-up ist dem Tages- oder Abend-Make-up ähnlich. Für die große Bühne hat man sich trotz der großen Dimension an die natürlichen Voraussetzungen im Gesicht zu halten, wählt aber die Farben intensiver und betont die Konturen und Merkmale stärker.

Eine einfühlende Schminkweise erlaubt es uns — ermöglicht und unterstützt durch die optische Umsetzung durch Bühnenlicht und räumliche Distanz — ein Gesicht zu verändern oder vorteilhaft herzurichten. Dieses ist durch entsprechendes Flächenschminken und durch gekonnte Detailzeichnung möglich. Allein durch die farbliche Andersartigkeit bestimmter Gesichtspartien erfolgt eine Veränderung in der Fläche.

Stets wird der Darsteller publikumsbezogen agieren. Seine Verhaltensweise ist die eines Menschen mit einer bestimmten, in diesem Falle der Rolle zu eigenen, charakterlichen Eigenart. Er identifiziert sich mit dem Rollencharakter und zeigt rollenspezifisches Verhalten. Er bedient sich hierbei pantomimischer Äußerungsmöglichkeiten und zeigt vor allem seelische Vorgänge mimisch auf. Er beherrscht die Spielregeln und gestaltet die verschiedenartigsten Charaktere in den unterschiedlichsten Situationen. Mimisch zeigt er die Ausdrucksfülle von Gefühlsäußerungen, die er als Schauspieler besitzen muß. Vor dem Spiegel wird er seine Mimik studieren und dabei herausfinden, was er maskenbildnerisch zur Unterstützung in das Gesicht zu schminken hat. Wie er dieses erstellt und mit welchen Mitteln, das aufzuzeigen, soll Aufgabe des Buches sein.

Kleine Anatomie und Charakterkunde

Das Schminken und die Maskengestaltung sind mehr als nur das Setzen von Farben in das Gesicht. Richtig oder falsch plazierte Flächenbetonungen, Schattentöne oder Zeichnungen von Details können ein Gesicht beschönigen, zu dem geforderten Charakter und Alter hinführen oder eine Entfremdung hervorrufen. Immer kommt es auf das *Wie* an, und meistens kommt man mit *Wenigem* aus. Hierbei sind Nuancen von entscheidender Bedeutung.

Grundsätzlich sind die Farben organisch angepaßt in das Gesicht einzubringen, so daß sie die Mimik nicht beeinträchtigen und ein natürliches Mienenspiel ermöglichen. Dieses ist nicht ohne Beachtung der Anatomie des Schädels möglich. Das ist weniger für das Schönschminken, jedoch für die Anlage von Flächen und Schattierungen und das Einbringen von Merkmalen zur Charakter- oder Alterszeichnung erforderlich. Das Berücksichtigen anatomischer Gegebenheiten und das Erkennen charakterlicher Details ermöglicht erst eine systematische Maskengestaltung im Sinne des heutigen

Theaters, welches keine Schemamasken duldet, sondern Menschendarsteller mit natürlichem Aussehen wünscht.

Derjenige, der wissend eine organisch-angepaßte Schminkweise praktiziert und um die Ausdrucksformen des mimischen Spiels weiß, kann überzeugende Resultate erzielen. Er wird sich immer an den vorgegebenen Flächen und Modellierungen orientieren und die mimischen Aktivitäten beim Erstellen der Maske berücksichtigen. Das geschulte Auge erkennt schnell die Möglichkeiten, die ein Gesicht zur Veränderung oder zur Betonung bestimmter Formen bietet und was betont oder abgeschwächt werden muß, wenn es beispielsweise gilt, eine Schönheit vorteilhaft herauszustellen, ohne deswegen gekünstelt zu erscheinen. Mit Einfühlungsvermögen, technischem Geschick und der Facherfahrung — mit welchen Mitteln das Gesicht zu dem gewünschten Aussehen hingeführt werden kann — lassen sich alle Aufgaben bewältigen. Dafür benötigen wir kein umfassendes Wissen, aber die Erkenntnis von Struktur und Eigenart, um anatomisch bedingte Voraussetzungen von vornherein zu berücksichtigen, sowie Lebens- und Funktionsvorgänge zu verstehen, die eine Veränderung des Aussehens (wie beispielsweise das Altern oder die Charakterbildung) hervorrufen.

Die Schädelform bestimmt weitgehendst den Gesichtsschnitt und damit die Modellierung der Flächen. Mit dieser, dem Individuum eigenen Formgebung sind die natürlichen Grenzen aufgezeigt. Auf der grundlegenden Form des menschlichen Schädels bauen Muskel- und Hautgewebe auf, abschließend überzogen von der Epidermis (Oberhaut). Sie ist der sichtbare Teil und stellt die Basis für das Schminken dar.

Da die Gesichtsform durch den Schädel bestimmt wird, läßt sich lediglich durch eine Zeichnung auf der Haut — ähnlich wie der Kunstmaler Licht und Schatten in ein Bild setzt — ein Gesicht effektvoll umgestalten. Durch Aufhellen und Abschattieren kommt es zu wirkungsvollen Veränderungen in der Fläche, die ein neues Aussehen erbringen. Immer sind wir hierbei an die Plastizität der Flächen gebunden, die sich nicht gewaltsam umformen lassen. Zum anderen haben wir es mit lebender Materie zu tun, die nicht — wie die Leinwand des Malers — geduldig alles über sich ergehen läßt.

Mit Schminke ist trotzdem vieles machbar. Selbst wenn Merkmale manipuliert in das Gesicht gesetzt werden, können diese eine überzeugende Glaubwürdigkeit erlangen. Wenn wir ein flächenrichtiges Schminken praktizieren, werden wir Betonungen so vornehmen, daß sie sich organisch im Gesicht verhalten und keinen Fremdkörper darstellen. Hinzu kommt, daß wir ähnlich dem Karikaturisten zu sehen versuchen, der die herausragenden, charakterlichen Typmerkmale sucht und in seinen Zeichnungen als offenkundiges Symbol überbetont wiedergibt. Dem Betrachter kann er mit wenigen Strichen die Person aufzeigen, denn die Karikatur kennt keine Zwischentöne. Auch wir haben diese Details zu sehen, denn diese gilt es zur Figurkennzeichnung zu verwenden und in ein anderes Gesicht zu übertragen. Die Wiedergabe der Spezifität muß in bühnenwirksamer Überzeichnung erfolgen und kann nur akzeptiert werden, wenn die Zeichnung einfühlend in das Gesicht eingebracht wurde. Immer sind diese Veränderungen so vorzunehmen, daß kein Dritter bemerkt, wo das Eigene des Darstellers endet und die Kunst der Maske einsetzt.

Der knöcherne Teil des Kopfes ist der Schädel. Er besteht aus verschieden geformten Knochenteilen und setzt sich aus Hirn- und Gesichtsschädel zusammen. Hierbei ist der Gesichtsschädel in Ober- und Unterkiefer unterteilt. Letzterer ist beweglich. Auf dieser Knochenbasis bauen Muskeln und Gewebe auf, deren äußerer Abschluß das Hautgewebe ist. Dieses verhüllt alles darunter Liegende. Trotzdem bleibt die Schädelform nicht nur ertastbar, sie ist in ihrer Modellierung an verschiedenen Stellen gut durch die Haut hindurch erkennbar. Deutlich zutage tritt sie beim alten und mageren Gesicht, während bei einem fülligen die vorhandenen Fettpolster die Knochenkonturen stark verwischen.

In der Seitenansicht ist das Hervortreten der Nase profilbestimmend, während der Unterkiefer zurückversetzt, geradlinig oder wuchtig heraustretend den Abschluß des Kopfes darstellt und den Übergang zum Hals bildet. Im Alter wird — wenn ein totaler Zahnverlust vorliegt — eine Verkürzung im Mundbereich eintreten, der das Kinn um die fehlenden Zahnreihen an die Nasenspitze heranrückt. Dieses starke Deformationsbild ist nur selten nachzuvollziehen, aber z. B. bei Fantasiemasken wie *Hexe*, ist diese Gesichtsform ein deutliches Bild des Abnormen. Eine solche Maske ist mit plastischen Mitteln zu erstellen, indem ein Kinn aufgesetzt und die Nase verlängert wird.

En face gesehen unterscheiden wir zwischen Breit- und Langschädeln. Beide zeigen ihre Schwierigkeit, wenn es sich um sehr schmale bis hagere oder um breitflächige Gesichter handelt und etwas Gegensätzliches erstellt werden soll — und doch läßt sich jedes Gesicht mehr oder weniger gut durch effektvolle Farbabstufungen korrigieren oder durch Einzeichnen von Details zum Charakterkopf oder Altersgesicht umformen.

Wenn das Skelett dem Körper Gerüst und Stütze ist und in den aneinandergesetzten Knochen ein bewegliches System bildet, ermöglicht durch Gelenke und Knochenverbindungen, so sind die Muskeln hierbei der aktive Teil der Bewegung. Durch einen Willensimplus kommt es zur Kontraktion (Zusammenziehung des Muskels) und damit zur Betätigung von Muskeln, die ein Gelenk beugen oder die Haltung verändern. Es sind die zum Bewegungssystem zählenden Arbeitsmuskeln, die an beiden Enden am Knochen Halt finden (Ursprungssehne-Ansatzsehne). Die Arbeitsmuskeln des Rumpfes und der Gliedmaßen können durch ständige Beanspruchung oder intensives Training herangebildet werden und sich ausformen, bis sie schließlich Konturen zeigen und einen überbetont muskulösen Körper bilden. Das aktivierte Gewebe ist zum *Muskelpaket* geworden und bei der Demonstration eines solchen Körpers kann man das Muskelspiel deutlich sehen (Body building). Bei Untätigkeit kommt es zu einer Verkümmerung des Muskelgewebes.

Daneben gibt es am Kopf eine zweite Gruppe von Muskeln, die Ausdrucks- oder mimischen Muskeln, welche die Veränderung einer Fläche bewirken und einen bestimmten Gesichtsausdruck hervorrufen. Diese Muskeln sind an einem Ende mit dem Knochen verwachsen, während das andere frei in der Haut endet. Ein seelischer Reiz, eine Erregung, löst eine spontane Reaktion aus, die nur kurzfristig im Gesicht erscheint. Je nach Intensität führen mimische Aktionen im Laufe der Zeit zum mimischen Ausdruck. Eine häufige Wiederholung charaktertypischer Gemütsbewegungen wird die Muskeln ansprechbar machen — sie formen dann das Gesicht mit wesenseigenen Falten und Merkmalen und erbringen langfristig gesehen ein neues Gesicht. Hier ist eine kurzfristige Gefühlsdarlegung über das Aktuelle hinausgelangt, hat Beständigkeit angenommen und schuf sekundär einen statischen Gesichtsausdruck. Damit hat die Muskeltätigkeit eine *Spur* hinterlassen, die sich in die Fläche eingrub und das Gesicht umformte. Langfristig kommt es durch solche Vorgänge zu einem charakterbetonten Gesicht. Für das ererbte Gesicht kann niemand, doch für das Erworbene ist jeder selbst verantwortlich. Starke Erlebnisse im Leben eines Menschen gehen nicht spurlos an ihm vorüber. Daher wird ein ausdrucksstarkes Antlitz immer als Spiegel eines erlebnisreichen Lebens oder für bedeutende, seelische Phasen zu werten sein. Dieses ist insbesondere bei emotionalen Menschen anzutreffen. Wir kennen aber auch das verschlossene Gesicht, welches nur selten Gefühlsreaktionen zeigt.

Um die Formveränderungen zu verstehen, ist das Erkennen des Muskelspiels wichtig. Hier ist der Ursprung des sekundären Erscheinungsbildes zu suchen. Der Schauspieler versetzt sich daher in eine bestimmte Situation und empfindet sie nach, um sie dann pantomimisch und mimisch nachzuvollziehen und auszudrücken. Mit diesem aktuellen Bild eines Rollenverhaltens verändert er sein Gesicht rollenbezogen. Zur Unterstützung werden rollenentsprechend formtypische Merkmale eingezeichnet.

Gefühlsausdrücke lassen sich vor dem Spiegel simulieren. Sie zeigen primär die Flächenveränderung auf, die sekundär zu einem statischen Erscheinungsbild mit Charakterzügen führt. Der Schauspieler erprobt ein rollenentsprechendes Mienenspiel durch die Identifikation mit der Figur, denn er muß mit dem Gesichtsausdruck ein typisches Element des Rollencharakters aufzeigen. Er beweist immer wieder seine mimische Ausdruckskunst in den verschiedenen Charakterstudien und -darstellungen. Damit zeigt er nicht nur die Ausdrucksbeherrschung auf, sondern auch die große Skala der Ausdrucksmöglichkeiten. Maskenbildnerisch ist die Mimik in formtypischer Charakteristika nachzuzeichnen. Diese Zeichnung wird der Akteur dann Kraft seiner Gestaltungsfähigkeit mit Leben erfüllen. Er identifiziert sich mit der *Maskierung* und sieht sie als Teil seiner selbst an. Bei einer solchen Übereinstimmung kann man von Dualismus, Eigenpersönlichkeit und rollenverkörperndem Aussehen sprechen.

Nun will ich nicht auf die einzelnen Muskeln und ihre Bedeutung für das Mienenspiel und für das Zustandekommen eines charaktergezeichneten Gesichts eingehen. Es würde den Rahmen des Buches sprengen. Ich müßte ebenso auf die familiäre Disposition hinweisen, welche durch die eingebrachte Erbmasse entscheidend die Vorgabe zum Aussehen liefert. Auch die verschiedenen Altersphasen sind anatomisch betrachtet aufschlußreich; beispielsweise der kindliche Kopf mit seinen weichen Rundungen, dem flachen Stupsnäschen und den übergroßen Augen. Wenn diese Formstufe am Kopf eines Erwachsenen dargestellt werden soll, setzt es die Studie eines Kinderkopfes voraus. Erst mit dem Heranreifen zeigt sich die Formentwicklung, während das Alter durch Erschlaffung der Muskulatur und runzlige Haut gekennzeichnet ist und sich außerdem die Schädelkonturen durch die Haut hindurch abzeichnen.

Immer sind diese Erscheinungsformen wichtige Bildaussagen eines Personencharakters oder eines bestimmten Alters. Es gilt daher, die verschiedenen Fakten bei der Maskenkonzeption zu beachten. Das Erkennen menschlicher Verhaltensweisen setzt eine gute Beobachtungsgabe voraus. Auffällige Erscheinungsformen wie das forsche Auftreten oder die Hilflosigkeit eines Menschen, seine Dynamik oder ein zarter Händedruck, die gebeugte Haltung oder *die stolzgeschwellte Brust* — alles sind Äußerungen entsprechend dem Naturell eines Menschen. Daneben ist die Haltung mehr als nur ein

Hinweis auf körperliches Befinden, es ist gleichzeitig Ausdruck der Psyche und des Willens eines Menschen.

Wir unterscheiden die verschiedenen Formtypen. Obwohl es reine Typen nicht gibt und fließende Übergänge vorherrschen, lassen sich die Menschen vom Habitus her verschiedenen Gruppen zuordnen. KRETSCHMER nennt diese *Körperbautypen* und unterscheidet den leptosomen (asthenischen) Typus, der sich schlank bis überschlank, drahtig und fettlos zeigt. Das Gesicht ist mager mit eingefallenen Wangen, auftragenden Jochbeinen und hervortretender Nase. Es sind Menschen mit nervlicher Anspannung, Energie und Willenskraft; in der Überbetonung jedoch die *saftlosen Fantasten* wie beispielsweise DON QUIJOTE.

Der durchtrainierte Körper gehört zum athletischen Typus. Hier zeigt sich ein durchmodellierter, muskulöser Körper, auf dem ein kantiger Kopf mit markanten Gesichtsorganen sitzt. Demgegenüber herrscht beim pyknischen Typus die Leibesfülle vor. In der karikaturhaften Übertreibung wird der *dicke Bauch auf schwachen Beinen ruhend* gezeigt. Der Kopf besitzt ein breites Untergesicht mit Doppelkinn, fleischiger Nase und kleine, bis hin zu *in Fett gebetteten* Augen. FALSTAFF steht typisch für diesen Körperbautyp. Er ist Inbegriff der Sinnen- und Lebensfreude, und dieser Lebenswandel erklärt die Leibesfülle.

So ist die Formgebung einmal die Erbmasse, doch auch als Resultat der Lebensweise zu sehen, wie die erworbene Charakterzeichnung im Gesicht als Ausdruck der Psyche und des charakterlichen Verhaltens gesehen werden muß. Der Schauspieler hat die Frohnatur des FALSTAFF zu spielen, doch die Fülle und Weinseligkeit muß in das Gesicht geschminkt werden. So muß es bei jeder Maske praktiziert werden, daß wir das, was den Charakter ausmacht, erkennen und mit formtypischen Merkmalen zum Ausdruck bringen.

DON QUIJOTE ist das Pendant zum Falstafftyp. Er verkörpert als typischer Vertreter die Gruppe der übertrieben geistig-fantasievollen Menschen. MIGUEL DE CERVANTES hat dem DON QUIJOTE den dicken SANCHO PANSO als naturverbunden-phlegmatischen Menschen zugesellt. Der *Dicke* und der *Dünne* haben die unterschiedlichste Mentalität und den stärksten figürlichen Gegensatz. Aus der unterschiedlichen Charaktereigenschaft und Verhaltensweise der beiden resultiert der Erfolg der Tragikomödie.

Diese kurze Betrachtung von Anatomie, Typen und Charakteren läßt erkennen, daß der Wissende die Aufgabe der Maskengestaltung bewußter angehen wird als einer, der rein intuitiv schminkt. Dessen Maske kann wohl effektvoll sein, entbehrt aber der notwendigen Sachlichkeit und es fehlt ihr die Aussagekraft. Sie ist verfälscht und an der Wahrheit vorbeigestaltet, weil im Gesicht nur das zur Aussage Notwendige vorhanden sein soll, was Bestandteil der Rollenverkörperung ist und zur Verdeutlichung einer Figur gebraucht wird. Dieses braucht der Darsteller zur Unterstützung, alles andere wäre ein Zuviel und würde irritieren. Wenn ich mich daran halte, kann ich nicht auf den Gedanken kommen, etwas Überflüssiges in das Gesicht zu schminken, weil ich weiß, daß es das Gesicht unnötig belastet, und ich werde nicht — nur weil ich kreativ veranlagt bin — beispielsweise einer tragischen Figur die Schlemmermaske des FALSTAFF in das Gesicht schminken.

Schminkmaterial und Hilfsmittel sowie ihre Anwendungen

Es gibt eine Fülle an Kosmetika auf dem Markt und täglich kommt Neues hinzu. Die von der kosmetischen Industrie kreierten Produkte sind durch die Werbung allgemein bekannt. Das Angebot ist verwirrend für den, der Schminke und Hilfsmittel für das Theater sucht. Nun läßt sich jede Schminke für die Bühne verwenden, doch die für das tägliche Make-up konzipierte ist auf einer Basis, die für den Theatergebrauch wenig geeignet ist. Auch der Preis beim Kauf dieser Produkte spielt eine Rolle.

Seitens der theaterkosmetischen Industrie sind speziell für die Bühne, den Film und das Fernsehen Schminken und Materialien entwickelt worden, die in Theaterparfümerien oder im Fachhandel erhältlich sind. Diese sind wegen ihrer Abstimmung auf die Anforderungen an ein gutes Bühnen-Make-up gegenüber den handelsüblichen Schminken zu bevorzugen. Sie stellen sich außerdem preiswert und werden gleichbleibend in den Farben angeboten, während modernes Tages-Make-up dem modischen Wandel unterworfen ist und dem Trend bezüglich neuen Farben Rechnung trägt. Ich verwende und beschreibe überwiegend Produkte der Firma KRYOLAN Berlin.

Grundsätzlich werden Theaterschminken in Fett-, Naß- und Puderschminken unterschieden. Wir benutzen sie sowohl als Grundfarben, wie auch als Hilfsfarben zum farblichen Betonen von Flächen und Details, und oftmals kombiniert. Alle diese Schminken sind für das Gesicht verwendbar, aber durch ihre spezielle Zusammensetzung für einen bestimmten Anwendungsbereich geschaffen und daher nicht immer und für jeden Zweck gleich gut geeignet. Speziell für das Gesicht wird Fett- oder Cremeschminke benutzt.

SCHMINKMATERIAL

Fettschminke

Schwämme

Stoppelschwamm

Schminkpalette

Puder

Schminkpinsel

Puderpinsel

Dermas

Anspitzer

Lippenstift
Wimpernkleber

Puderquaste

Mastix

Lidschattenpalette

Naßschminke

Applikator

Wimpern-
bürstchen

mascara

Schminkmaterial

Fett- oder Cremeschminke

Sie ist die meistgebrauchte Schminke am Theater, vereint viele guten Eigenschaften in sich und bietet daher unbegrenzte Möglichkeiten an ein farbwirksames und gut verträgliches Make-up und zeigt eine hervorragende Haftfähigkeit und Belastbarkeit. Diese Schminke geht eine ausgezeichnete Bindung mit der Haut ein und vermag daher dem unvermeidlichen Transpirieren eines Darstellers weitgehend zu widerstehen und ist beständig. Sie ist allen anderen Schminken vorzuziehen.

Fettschminke — heutzutage von Cremeschminke abgelöst — ist auf der Grundlage nichtranzenden Fettes oder Cremeemulsion aufgebaut und mit ungiftigen, hautverträglichen Farbstoffen versetzt. Somit bildet Fett oder Creme den Träger für den Farbstoff. Die Schminke wird in Dosen, Drehstiften und in Stangenform angeboten. Die letztgenannte findet heute nur noch selten und wenn, dann vorrangig bei fantastischen Masken und solchen im Stil der Peking-Oper Verwendung. In diesen Fällen ist starke Deckkraft und eine durch die Konsistenzdichte der Stangenschminke bedingte Farbintensität vorhanden und ein Verwischen und Verschmieren nach dem Abpudern nahezu ausgeschlossen. Für das normale Bühnenschminken ist diese jedoch zu pastos auf der Haut. Heutzutage wird überwiegend Natürlichkeit verlangt, welche sich mit der weichen Konsistenz der Dosen- und Drehstiftschminke besser erzielen läßt. Die Schminke kann so dünn aufgetragen werden, daß die Haut durchscheint und trotzdem Farbsetzung erkennbar ist. Das ist für eine kleine Bühne wichtig.

Fettschminke wird in allen erdenklichen Farben angeboten. Die Schminken sind untereinander mischbar und jede gewünschte Nuance ist erzielbar. Die Farbtöne lassen sich flächenbegrenzt aneinander setzen und auch übergangslos ineinander verschminken. Auf die Grundlage kann lokal eine weitere Farbe gegeben werden. Bei dieser Mehrschichtigkeit verliert sich allerdings die Reinheit der einzelnen Farbe. Die Schminken sind zur Grundierung, zur Flächenbetonung und zur Detailzeichnung mit dem Pinsel geeignet.

Schminkschwämmchen

Mit einem leicht gefeuchteten Schaumgummischwamm, einem speziellen Kosmetikschwamm oder mit den Fingern läßt sich diese Schminke auf die Haut bringen und gut verteilen, wenn es um das

Basis-Make-up geht oder großflächig geschminkt werden soll. Für kleine Flächen und Details haben sich die Finger bewährt, kann ein schräg zugeschnittenes Schwämmchen oder der Flachpinsel benutzt werden. Für das Auftragen von Naßschminke sind Naturschwämme zu bevorzugen.

Stoppelschwämme

Stoppelschwämme haben ihre besondere Bedeutung beim Schminken. Die offene, grobe Struktur ermöglicht das Setzen besonderer Effekte, wie beispielsweise Durchblutungsstörungen, Rötungen und Unrasur.

Trockenpuder

Bei Fettschminke ist der Farbstoff in Fett oder Creme gebettet. Durch diese Basis ist eine gute Verteilbarkeit gegeben. Nach dem Auftrag macht sich jedoch der Fettglanz störend bemerkbar. Hinzu kommt, daß die Schminkschicht, die — obwohl sie eine Verbindung mit der Haut eingegangen ist — doch nur oberflächig aufliegt und bei Berührung verschmiert. Um diese Farbschicht wischfest zu machen, müssen wir sie mit einem fettfreien Puder binden. Damit entsteht eine Fixierung. Wir benutzen hierfür einen speziellen Trocken- oder Transparentpuder in einem neutralen, leicht gelblichen bis hellhäutigen Farbton, der die aufgelegten Farben nicht verfälscht.

Puderquaste/Puderpinsel

Puderquasten sind aus waschbarem, samtig-flauschigen Stoff angefertigt und meistens mit einer Schaumstoffeinlage versehen. Mit der Puderquaste wird Puder aufgenommen, anschließend am Handrücken abgedrückt und der verbleibende Puder auf die Haut gebracht. Zur besseren Festigung wird dieser leicht in die Schminkschicht eingedrückt oder *eingeklopft*. Der überschüssige Puder wird mit einem weichen Puderpinsel entfernt. Hierfür eignet sich ebenfalls eine weiche Babybürste.

Puderpinsel gibt es in den verschiedenen Stärken. Der kleinere findet bevorzugt Verwendung für das Auftragen von Puderrouge.

Naßschminke

Wenn es um das Schminken der Hände oder des Körpers geht, ist Fettschminke weniger gut geeignet. Einmal läßt sich diese nur mit Abschminke oder Hydroöl entfernen, was eine unzumutbare Prozedur wäre, zum anderen ist durch die Fettbasis ein Verschmieren leicht möglich und ein Beschmutzen der Kleidung nicht auszuschließen. Das Körperschminken erfordert daher eine zweckmäßige Schminke, die unter der Bezeichnung *Naßschminke* angeboten wird. Diese tönt die Haut gleichmäßig, haftet gut und läßt sich problemlos herunterwaschen. Sie wird nach dem Antrocknen stumpf.

Unter den Begriff Naßschminke fallen alle Schminken auf flüssiger Basis und solche, bei denen es sich um gepreßte, fettfreie Kompaktfarbe handelt. Speziell für das Gesicht gibt es als Tages-Make-up ein fluid-Make-up, was allerdings nicht damit gemeint ist. Es zählen lediglich die Professionalschminken, die vorrangig für das Körperschminken gedacht sind. Nun lassen sich diese auch bedingt für das Gesicht verwenden, aber da sie als matte Farbschicht ohne natürlichen Hautglanz wahrgenommen werden, zum anderen weil sie das Gesicht austrocknen und nur schwierig andere Farben hinzugearbeitet werden können, sind sie nicht empfehlenswert. Durch die stumpfe Grundlage ist beim Setzen zusätzlicher Farben die Verteilbarkeit von Fettschminke und Rouge fraglich und überhaupt ein übergangsloses und Ineinanderschminken kaum möglich. Naßschminke besitzt nicht die Haftfähigkeit von Fettschminke und gibt beim Transpirieren nach. Entstandene Flecken lassen sich nur schwer ausbessern.

Überwiegend wird Naßschminke zum Einfärben von Hals, Händen und großer Körperpartien gebraucht, um die farbliche Anpassung an den Gesichtston herzustellen. Die reichhaltige Skala des Angebots reicht von den Naturtönen bis zu ausgefallenen Rassen- und Exotentönen und Buntfarben für Fantasiemalerei. Darüber hinaus gibt es spezielle Naßschminken mit Glanzeffekt und besonderer Leuchtintensität. Sie gestatten eine effektvolle Körperbemalung.

Bei Schminke auf flüssiger Basis wird diese mit einem feinporigen Schwamm auf die Haut gebracht. Kompaktschminke dagegen wird mit einem gefeuchteten Schwämmchen der Dose entnommen. Grundsätzlich ist beim Auftragen darauf zu achten, weil die Schminke verhältnismäßig schnell wegtrocknet, daß sie zügig und streifenfrei aufgetragen und umgehend mit der Hand übergerieben wird. Die Naßschminke trocknet selbsttätig und braucht nicht fixiert zu werden. Sie ist bedingt wischfest, und so läßt sich ein Abfärben insbesondere am Hals nicht immer vermeiden. Es gibt einen Fixierspray, den man jedoch nur im Extremfall benutzen sollte.

Puderschminke Lidschatten — Trockenrouge

Puderschminke ist ein loser Puder oder ein gepreßter Farbstein (Puderkompakt) ähnlich der Kompaktnaßschminke. Sie wird trocken verarbeitet. Die Farbpigmente werden mit einer Puderquaste (bei Make-up-Puder) oder mit einem Puderpinsel (Trockenrouge) oder mit einem Applikator oder Pinsel (Lidschatten) vom Stein abgenommen und auf die Haut gebracht. Der Puder haftet durch die Eigenfeuchtigkeit der Haut, läßt sich aber bei unterschiedlicher Hautstruktur und insbesondere bei trockenen und fettigen Stellen im Gesicht nicht optimal verteilen und wirkt dann fleckig. Make-up-Puder findet am Theater nur selten Verwendung. Die gesetzte Farbe ist von der Farbwirkung her auch nur für die kleine Bühne geeignet.

Bekannt als Puderfarben sind Trockenrouge und Lidschatten. Sie gelten als *Hilfsfarben*. Aufgetragen wird Rouge mit Pinsel oder kleiner Quaste, Lidschatten dagegen mit dem Applikator oder einem Pinsel. Immer muß die zuvor aufgelegte Fettschminke abgepudert werden, damit der Puder nicht fleckt.

Deckcreme

Fettschminke hat eine gute Farbsetzung mit normaler Deckkraft, und doch nicht in der Intensität, so daß eine Transparenz vorliegt, welche den Hautcharakter einbezieht und erkennen läßt. Leichte Pigmentierung und Sommersprossen bleiben erkennbar, beleben ein Gesicht sogar und machen es interessant — aber es wird nur dort geduldet, wo es hinpaßt.

Starke Unreinheiten der Haut, intensive und besonders großflächige Rötungen, Durchblutungsstörungen, Pigmentflecke und Muttermale dagegen werden stets als aufdringlich empfunden, besonders dann, wenn es darum geht, ästhetisch schöne und makellose Gesichter zu erstellen. Auch für bewußt geschminkte Gesichter, wo Schminke offenkundig sein kann wie beispielsweise bei Rokokofiguren oder Transvestiten, ist die Deckkraft der normalen Fettschminke nicht ausreichend, so daß hierfür eine spezielle Schminke genommen werden muß.

Diese läuft unter der Bezeichnung Deckcreme und wird in Dosen und Stiften angeboten. Die Schminke ist hellfarben zu wählen und wird auf die betreffenden Stellen aufgebracht, bevor das Basis-Make-up aufgetragen wird. Sie ist deckintensiv und schafft mit der Neutralisation der Fläche eine brauchbare Grundlage für die Fettschminke, die sich nachfolgend problemlos auftragen läßt.

Camouflage mit *Dermacolor* von KRYOLAN ist ein spezielles Make-up-Programm zur Abdeckung von Schönheitsfehlern bis hin zu großflächigen Farbflecken, hauptsächlich für den privaten Gebrauch gedacht.

Lippenstifte Lippenpinsel — Lip liner

Lippen sind sehr empfindliche Hautpartien mit dünner Haut und starker Durchblutung. Sie haben keine Talgdrüsen. Daher neigen sie zum Austrocknen und zur Sprödigkeit. Auf diese Anforderungen sind Lippenstifte in ihrer speziellen Zusammensetzung mit bestimmten Anteilen von Fett, Öl und Wachs abgestimmt. Sie müssen gut verträglich, haftfähig und rückfettend sein, um die Lippen geschmeidig zu halten. Außerdem dürfen sie nicht verschmieren.

Die handelsüblichen Lippenstifte sind für den Bühnengebrauch einer normalen Fettschminke vorzuziehen, mit der sich ebenfalls ein Lippenrot erzielen läßt. Außergewöhnliche, modische und insbesondere schrille Töne sind jedoch nur dort zu benutzen, wo es angebracht ist und wo es auf diesen Effekt ankommt. Bei der Farbwahl ist darauf zu achten, daß dunkle Farben den Mund kleiner machen, während helle und perlmuttschimmernde den Mund größer wirken lassen. Wichtig ist das Konturieren der Lippen mit dem Lip liner oder Derma, damit der Mund nicht ausgefranst erscheint. Mit der Lippenkontur wird die Mundgröße und Mundform vorgezeichnet und anschließend mit einem Lippenpinsel oder mit dem Lippenstift die Fläche ausgefüllt.

Münder, die ungeschminkt gelten sollen, müssen unbetont bleiben und sollen gegebenenfalls nur einen Hauch von Lippenstift oder Lip Gloss (Lippenpomade) zur Belebung erhalten und keine ausgemalte Kontur zeigen.

Dermatographen — Kajalstifte Anspitzer

Zu den wichtigen Hilfsmittel beim Schminken zählen Dermatographen. Sie sind, wie schon der Name besagt, Hautschreiber. In der Medizin finden Dermas (Abkürzung) zur Markierung von Hautpartien Verwendung und sie werden in der dekorativen Kosmetik hauptsächlich als Augenbrauen- und Konturenstifte benutzt.

Es handelt sich um Farbstifte mit eingelegten, auf Fettbasis beruhenden Farbminen, die eine besonders feste Konsistenz besitzen. Mit einem guten Anspitzer lassen sich diese auf Feinzeichnerform spitzen. Dermas werden in zahlreichen Farben angeboten und sind für das Theaterschminken hervorragend geeignet. Sie gelten als unentbehrliches Hilfsmittel zum Zeichnen von Augenbrauen, für den Lidstrich, das Setzen von Konturen und Abgrenzungen, und sind auch bedingt für das Faltenzeichnen zu gebrauchen.

Zu einer Sortierung für die Bühne zählen die Farben Schwarz, ein helles und dunkles Braun, ein helles und dunkles Rot und Grau. Daneben gibt es Dermas in Buntfarben und in verschiedenen Rottönen als Lip liner.

Eine besondere Rolle spielen die Kajalstifte zum Augenumzeichnen. Sie ermöglichen von ihrer Konsistenz her ein Schminken des inneren Lidrandes. Für die Bühne ist diese Art der Augenumzeichnung nicht zu empfehlen, da das Einzeichnen die Augen einengt.

Eye liner

Ebenfalls zum Zeichnen des Lidrandes ist Eye liner gedacht. Diesen gibt es als flüssigen oder als Cake-Eye-liner. Der hiermit gezeichnete Strich ist scharf konturiert und läßt sich nicht verwischen. Er ist daher nur dort anzuwenden, wo eine Strichzeichnung angebracht ist.

Farbpaletten Hilfsfarben

Fettschminken sind als Grundteint für das Basis-Make-up und als Hilfsfarben zum Aufhellen, Abschattieren und für eine Farbsetzung gedacht und werden in verschiedenen Dosengrößen angeboten. Zur Grundierung sind die großen Dosen geeignet, während Farben wie z. B. Rot, Braun, Grau etc. in nur kleinen Mengen benötigt werden. Es handelt sich somit um zusätzliche Farben, die in der Fachbezeichnung als *Hilfsfarben* gelten.

In Farbpaletten werden die wesentlichen Farben zusammengefaßt. Sie haben sich bewährt, weil hier auf kleinstem Raum eine Auswahl verschiedener Farben angeboten wird. Paletten sind in 6er, 12er und in einer 24er Sortierung erhältlich.

Schminkpinsel

Pinsel der verschiedensten Art erleichtern das Schminken. Puderpinsel und Babybürste zum Entfernen restlichen Puders habe ich bereits an anderer Stelle genannt.

Flachpinsel und Rundpinsel sind ideal zum Detailzeichnen. In den Stärken 6—10 eignen sie sich sowohl für das Auftragen von Fettschminke wie auch von Lidschattenpuder. Die Anschaffung ist eine Preisfrage für den Laiendarsteller, der häufig mit Applikatoren, Estampen und notfalls mit Q-Tips auskommt.

Wimpernbürstchen

Wir unterscheiden flache und runde Wimpernbürstchen voneinander. Die Erstgenannten werden zum Wimperntuschen und auch zum Abnehmen fester Naßschminke und von Schläfenweiß benutzt. In diesem Falle muß das Bürstchen feucht sein. Auch zum Einfärben von Augenbrauen, Barthaaren oder dem Haaransatz mit vom Derma abgetragener Farbe haben sie sich hervorragend bewährt.

Das runde Wimpernbürstchen dient der Formgebung der Wimpern nach dem Tuschen. Dabei wird gleichzeitig die überschüssige Farbe entfernt.

Wimperntusche

Die Augen erfahren durch Lidschatten, Augenumzeichnen und Wimpernbetonung ein ausdrucksstarkes Aussehen. Hierbei spielt das Tuschen der Wimpern eine wesentliche Rolle. Mit dem Einfärben werden die Wimpern nicht nur dunkler gefärbt, sondern jedes einzelne Härchen wird durch den Farbauftrag um eine Spur stärker und gleichzeitig in seiner Form gefestigt. Zum Wimperntuschen gibt es Wimperntusche als Farbstein, in der Tube und in flüssiger Form im Wimpernroller.

Farbstein und Tubentusche finden selten Zuspruch. Beide werden mit einem flachen Wimpernbürstchen aufgetragen. Am Theater hat sich der Wimpernroller (mascara) durchgesetzt. Mascara und mascara kajal sind mit dünnbreiiger Wimperntusche gefüllte Stifte, die in der Verschlußkappe eine Rundbürste oder Spirale als Applikator besitzen, mit der die Farbe aufgetragen wird. Diese Tuschen sind überwiegend tränenfest.

Zuerst werden die Oberwimpern bei geschlossenem Auge grundsätzlich vom Ansatz zu den Spitzen und obenauf getuscht. Hiermit bezweckt man ein Sättigen der Härchen mit Farbe. Anschließend tuscht man bei offenem Auge von unten dagegen. Durch die Führung von Wimpernroller oder Bürstchen erfolgt mit diesem Auftrag gleichzeitig eine Formgebung mit dem gewünschten Schwung nach oben. Nach dem Trocknen werden die Unterwimpern (Lidhaare) getuscht, jedoch nur von obenauf. Anschließend sind mit dem runden Wimpernbürstchen verbliebene Tuschkrümel zu entfernen. Vorsicht beim Tuschen, damit sich die Farbe nicht auf die Haut überträgt.

Künstliche Wimpern

Um die Ausdruckskraft der Augen zu intensivieren, lassen sich künstliche Wimpern zu den eigenen hinzukleben. Es handelt sich hierbei um Härchen, die auf einen Faden aufgereiht sind und damit natürlichen Wimpern sehr ähnlich sehen. Die Wimpern müssen in der Art und Größe individuell auf das Auge abgestimmt und angepaßt sein. Sie sind entsprechend zuzuschneiden. Wimpern werden in verschiedenen Größen und Ausführungen angeboten, so beispielsweise dezent für den Normalfall bis hin zu übertriebenen Strahlen- und Glitterwimpern in bunten Farben für fantastische Masken.

Entsprechend dem natürlichen Wuchs sind die Wimpern mit kürzeren und längeren Haaren versehen, wobei die Seite mit den längeren für die Augenaußenseite bestimmt ist. Um besondere Effekte zu erzielen kann man die Wimpern mit den längeren Haaren zur Innenseite setzen.

Wir unterscheiden Wimpern und Unterwimpern voneinander. Die Unterwimpern besitzen durchweg kurze Härchen, die auf Lücke angeordnet oder dünn bestückt sind. Darüber hinaus gibt es Einzelwimpern, die an Stellen gesetzt werden, wo sie Fülle erbringen sollen.

Wimpernkleber

Die Wimpern klebt man mit einem speziellen Wimpernkleber nahe der Wimpernbasis auf die Haut. Der Kleber ist auf Latexbasis, so daß ein problemloses Abziehen der Wimpern nach dem Auftritt möglich ist und kein Kleberückstand verbleibt. Es ist grundfalsch, die Wimpern mit dem Kleber aus der Tube zu bestreichen, weil hierbei ein Zuviel aufgetragen wird. Ein Tropfen Kleber auf den Handrücken gegeben genügt; von diesem wird ein wenig mit dem kleinen Finger aufgenommen und auf den Wimpernrand gestrichen. Die Wimpern müssen umgehend gesetzt werden. Es bedarf einiger Geschicklichkeit, um diese sicher und auf Anhieb präzise zu plazieren.

Einzelwimpern — Pinzette

Einzelwimpern finden dort Anwendung, wo eigene spärlich vorhanden sind oder zusätzlich Härchen eine Fülle ergeben sollen und es auf größtmögliche Natürlichkeit ankommt. Die Wimpern erfassen Sie mit einer Pinzette, tauchen sie mit dem Kopf in den Kleber und kleben sie zu den eigenen hinzu.

Grundsätzlich ist nach dem Antrocknen zu tuschen, wobei sich die natürlichen und künstlichen Wimpern miteinander verbinden und leicht verkleben.

Weichplastik Nasenkitt

Mit Schminke läßt sich durch Aufhellen und Abschattieren ein Gesicht effektvoll verändern. Mehr erreichen wir durch plastisches Material, welches sich in das Gesicht einbringen läßt. Deswegen muß es keine komplizierte, vorgefertigte Plastik sein — das würde nicht nur den Rahmen einer Laienaufführung übersteigen, sondern ist auch Sache eines Fachmannes, nämlich des Maskenbildners. Oftmals genügt eine kleine Formveränderung wie beispielsweise der Nase, denn ein aufmodellierter Höcker oder eine Verlängerung der Nasenspitze kann schon eine starke Veränderung hervorrufen.

Hierfür stehen verschiedene Materialien zur Verfügung, von denen ich für das Laienspiel Weichplastik empfehle. Dieses Produkt der Firma KRYOLAN erfreut sich großer Beliebtheit. Es ist vielseitig anwendbar und leicht zu handhaben, ist knetbar und läßt sich bis zu einer bestimmten Größe in das Gesicht modellieren.

Weichplastik ist nur dort anzubringen, wo die Haut nicht oder nur wenig bewegt wird; das sind die Nase, das Kinn und die Jochbeine. Das Material ist außerdem druck- und berührungsempfindlich, selbst wenn es mit Siegeler (KRYOLAN) überzogen ist, denn das bildet lediglich eine isolierende Schicht. Durch die Körpertemperatur bleibt es weich und kann durch das Transpirieren abgestoßen werden.

Trotzdem ist Weichplastik für den Darsteller das beste Material zum plastischen Gestalten. Die Verarbeitung ist denkbar einfach und mit Geschick schnell erlernbar. Die benötigte Menge wird leicht durchgeknetet und zu einer Kugel gerollt, diese auf den abgewinkelten Finger gesetzt und hier die erste, grobe Formgebung durchgeführt. Weichplastik ist selbsthaftend, aber ohne anhaltende Haftfähigkeit. Die Stelle muß frei von Fett und Schminke sein, und damit die Masse besser haftet, sollten sie zuvor ein wenig Weichplastik auf die Haut aufstreichen. Auf diesen Haftuntergrund wird die vorgeformte Moulage aufgedrückt. Handelt es sich um ein größeres Teil, so ist die Fläche zuvor mit Mastix einzustreichen, anschließend mit etwas Bartkrepp zu bekleben und dann erst das Teil aufzubringen. Nur so ist ein Halt über längere Zeit möglich. Besser ist in einem solchen Falle ein vorgefertigtes Teil aus Gummi oder Schaumgummi, welches sie bei einem Maskenbildner in Auftrag geben oder bei der Firma KRYOLAN beziehen können.

Beim Aufsetzen des vormodellierten Teils ist darauf zu achten, daß es sich gut mit dem Untergrund verbindet. Es erfolgt die endgültige Modellierung, wobei die organische Anpassung genau so wichtig ist wie ein möglichst nahtloser Übergang zur Haut hin.

Bei der Verarbeitung wird es einen Zeitpunkt geben, wo sich das geschmeidige Material klebrig zeigt, am Finger hängen bleibt und sich nicht mehr verarbeiten läßt. Dieses Problem ist zu lösen, indem Sie ein wenig Abschminke zwischen die Finger nehmen. Danach ist ein Verstreichen wieder möglich.

Erst jetzt wird das Gesicht geschminkt und hierbei mit Vorsicht das Teil. Eventuell muß hierfür eine zweite Farbe hinzugenommen werden, um eine farbliche Übereinstimmung zum Basis-Make-up zu bekommen. Um das tote Material nicht als Fremdkörper zu empfinden und größtmögliche Natürlichkeit zu gewährleisten, muß man es beleben. Hier hilft ein geringes Antupfen von Rot mit dem Stoppelschwamm, welches anschließend mit dem Finger zu verteilen ist.

Beim Abschminken läßt sich das aufgesetzte Teil mit einem zwischen den Fingern gespannten Nähfaden leicht von der Haut ablösen, indem man diesen zwischen Haut und Material hindurchzieht und damit trennt. Wenn sie das Teil vorsichtig abnehmen, behält es seine Form und kann erneut verwendet werden.

Weichplastik ist gut verschlossen oder in Folie eingeschlagen aufzubewahren, weil es austrocknet.

Zahnlack

Eine starke Entfremdung rufen Veränderungen im Zahnbereich hervor. Insbesondere ein Altersgesicht bekommt durch das Fehlen von Zähnen eine starke Aussage, so daß Zahnlücken wichtiges Bestandteil einer Altmaske sind. Um Zahnlücken vorzutäuschen, lassen sich vorhandene Zähne mit schwarzem Zahnlack ganz oder teilweise abdecken, was in der Bühnenwirkung glaubwürdig erscheint.

Zahnlack gibt es auch in Weiß, um ein *strahlendes* Weiß zu erreichen und um Zähne mit Goldkronen auf Natürlichkeit umzufärben. Ebenso lassen sich Zähne mit einem Goldanstrich versehen, und mit Farben wie Nikotin und Braun lassen sich Effekte erzielen.

Zahnlack wird mit einem kleinen Pinsel auf den zuvor trocken gewischten Zahn aufgetragen. Man zieht hierbei die Lippe vom Zahn weg, bis der Lack durchgetrocknet ist.

Mit einem mit Spiritus gefeuchteten Zellstofftuch läßt sich der Lack problemlos vom Zahn entfernen.

Mastix

Verschiedene Klebemittel stehen ihnen zum Kleben von Bärten, Perükken und Teilen zur Verfügung. Das meistbenutzte ist Mastix, ein in Lösungsmittel aufgelöstes Harz eines mediterranen Strauches. Mastix wird in verschiedenen Varianten mit unterschiedlicher, offener Zeit zum Abbinden angeboten. Praktisch ist die Mastixflasche, in deren Verschlußkappe ein Pinsel eingearbeitet ist, mit dem Mastix entnommen und auf die Haut aufgestrichen wird. Um einen Bart anzukleben, sollte man die Fläche einstreichen, dann den Bart kurz ansetzen und wieder abnehmen (damit er leicht mit Mastix gesättigt ist), und dann erneut einstreichen und endgültig kleben und andrücken.

Spiritus — Milder-Mastix-Entferner (KRYOLAN)

Mastixreste werden mit Spiritus von der Haut entfernt. Dieses erfolgt mit einem mit Spiritus getränkten Zellstofftuch. Bei besonders empfindlicher Haut ist Abschminke oder Milder-Mastix-Entferner anzuraten.

Aceton

Angetrocknete Mastixrückstände in Bärten, Perücken und Teilen sind bestenfalls mit Aceton herauszulösen. Da Lösungsmittel die Gesundheit gefährden, ist äußerste Vorsicht beim Reinigen geboten!

Schläfenweiß

Zu den Hilfsmitteln, mit denen man ein Alter zum Ausdruck bringen kann, gehört Schläfenweiß. Mit diesem lassen sich die eigenen Haare wirkungsvoll einfärben, insbesondere wenn es um die erste Altersphase mit *angegrauten Schläfen* oder um eine Haarsträhne geht. Schläfenweiß ist in flüssiger Form in einer Flasche mit Rundbürstenapplikator (Haarsträhner) oder in einer Pinselflasche im Angebot der Firma KRYOLAN. Kompaktnaßschminke ist ebenfalls gut zum Anweißen geeignet und wird mit einem gefeuchteten Flachbürstchen aufgetragen.

Eine andere Möglichkeit, einen alten Kopf mit weißen Haaren zu erstellen, ist das Besprühen mit weißem Haarfarbenspray.

Haarfarbenspray

Farbspray zum Besprühen von Haaren gibt es in einer umfangreichen Sortierung zu kaufen. Hinzu kommen mit Glitter versetzte Sprays und als modische Attraktion Sprays in Tagesleuchtfarben. Mit den vorgenannten Sprays lassen sich farbliche Nuancierungen und ganze Köpfe farblich gestalten.

Filmblut

Unter dieser Bezeichnung wird *künstliches Blut* geführt. Es findet erfahrungsgemäß beim Laienspiel selten Verwendung, und doch möchte ich der Vollständigkeit halber darauf hinweisen. Außer hellrotem (arteriellen) und dunkelrotem (venösen) Filmblut in Flaschen, aus denen ich bei kleinen Bluteffekten die benötigte Menge mit der Pipette entnehme, gibt es Blutkissen, Fixblut und Gelatinekapseln, die sich im Mund auflösen und den Inhalt freisetzen, der mit Speichel versetzt eine Blutung aus dem Mund vortäuscht.

Abschminke — Hydroöl (KRYOLAN) — Zellstoff

Der Abschluß einer Theateraufführung ist das Abschminken. Das kann insofern schmerzlich sein, weil die oftmals künstlerisch und mühevoll geschaffene Maske im Nu heruntergewischt wird und die Rückkehr in die Realität bedeutet!

Das Entfernen der Schminke sollte nicht mit austrocknenden Mitteln erfolgen, sondern mit Abschminke oder einem Hydroöl, während sich Mastixreste mit Spiritus oder mit Milder-Mastix-Entferner restlos von der Haut herunterbringen lassen.

Abschminke wird grundsätzlich mit den Fingern in das Gesicht gebracht. Wichtig ist nämlich, daß Sie die Schminkschicht durch kreisende Bewegungen lösen, die dann mit Zellstoff lediglich abzutragen ist. Bei Hydro-Abschminköl (KRYOLAN) müssen sie ebenso verfahren, jedoch wird anschließend mit klarem Wasser abgespült.

Haarersatz

Die Frisur ist Bestandteil der Maske und vollendet den Eindruck von der Erscheinung der Person in der Darstellung eines bestimmten Rollencharakters.

Zu den vielfältigen Möglichkeiten einer Veränderung gehört das Aufsetzen von Perücken oder die Verwendung von Haarersatz. Beim Laienspiel stehen Ihnen nur selten gute Perücken zur Verfügung. Wenn sie nicht in einer guten Qualität vorliegen, können sie als schlechtes Ersatzteil den Gesamteindruck stören. Das sollten Sie in Ihre Überlegung einbeziehen.

Beim Aufsetzen von Perücken müssen Sie folgendes beachten: Perücken mit Tüllansatz sollen paßgerecht sein und einen natürlich wirkenden Ansatz besitzen. Sie werden mit Mastix geklebt und eventuell im Nacken und seitlich hinter den Ohren ebenso, hier gegebenenfalls mit Wimpernkleber, oder sie werden mit Haarklemmen festgesteckt.

Damenperücken sind meistens als Straßenperücke ausmontiert und besitzen in diesem Falle keinen Tüllansatz, sondern dieser ist abgedeckt. Bevor Sie die Perücke aufsetzen, sind lange Haare hochzustecken. Ein Stirnband (Elastikbinde) ist umzulegen, an welchem später die aufgesetzte Perücke festzustecken ist. Haarteile arbeitet man in das eigene Haar ein.

An Handwerkszeug zur Frisurgestaltung benötigen Sie Kämme und Bürsten, einen Lockenstab, Haarcurler und Fön. Außerdem sind Haar- und Lockennadeln sowie Haarklemmen notwendig.

Haarkrepp — Wollkrepp Schere

Professional finden überwiegend geknüpfte Bärte und Koteletten am Theater Verwendung. Der Fachmann ist in der Lage, aus losem Haarmaterial einen *Bart aus der Hand* zu kleben, der von gewachsenen nicht zu unterscheiden ist. Er benutzt hierfür Haarkrepp. Diese Art Bärte zu kleben ist nur dem Geübten möglich.

Bei den beiden in der Überschrift genannten Materialien handelt es sich um Haar oder Wolle in Kreppform. Die krause Struktur ermöglicht Ihnen im einfachen Verkleben die Herstellung von Bärten oder Koteletten, die den Ansprüchen des Laienspiels genügen.

Der Krepp wird vom Faden abgezogen. Nach mehrfachem Auseinanderziehen sind die Lagen aufgelockert, werden entsprechend der gewünschten Form zugeschnitten und zur Festigung eventuell mit Haarspray übersprüht. Man klebt sie mit Mastix oder Wimpernkleber (DUO-Kleber) in das Gesicht.

Geknüpfte Bärte können Sie bei einem Maskenbildner oder bei der Firma KRYOLAN kaufen.

Schminkmaterialien im Überblick
(Produktbezeichnungen und Farbnummern der Firma KRYOLAN)

Fettschminken

Supracolor-Teintschminke
Dosenschminke in 3 Größen
(Von mir bevorzugt ist die W-Reihe als Basis-Make-up, wobei 1w den hellsten und 11w den dunkelsten Farbton abgibt.)
an *DAMEN*-Teint empfehle ich 4w, 5w, 6w + evtl. 7w
an *HERREN*-Teint 5w, 7w, 8w
hell-blasiert/Rokoko 1w, 3w
Altschminken 4w, 5w
Südländer 039, 040, 045, 11w
mongolide Rasse 303, 304, 04A, 8A, 8B, Chinese
negride Rasse 043, 101, 102

Paint-Stick
Drehhülse
(Farben wie Supracolor-Teintschminke)

Deck Creme Teint
Dosenschminke in 3 Größen
(bevorzugter Farbton DN)

Naß- und Körperschminken
Aquacolor Naß-Schminke
Dosenschminke in 3 Größen
(Farben wie Supracolor-Teintschminke)

Schminkpaletten
Fettschminken (in 3 Palettengrößen und Minipalette plus Nachfülltiegel)

— außerdem Interferenz und Lippenrouge
Naß-Schminken (3 Palettengrößen plus Nachfülltiegel)
— außerdem Interferenz
Kompaktpuder
— Trockenrouge (in 2 Palettengrößen)
— Eye Shadow (in 1 Palettengröße in matt oder irisierend)
— Combi Schminkpalette Rouge + Eye Shadow (in 1 Palettengröße)

Puder und Hilfsmittel
Trockenpuder (in 4 Größen)
(Farbton z. B. FF2)
Transparentpuder (in 2 Größen)
(Farbtöne z. B. TL4, TL11)
Trockenrouge (in 2 Größen)
(Farbtöne z. B. TC1, TC2, R9, 075)
Lidschattenpuder (sortiert)
Puderpinsel (in 3 Größen)
Puderquasten (in 3 Größen)

Schminkhilfsmittel
Schminkschwamm — Kosmetikschwamm — Naturschwamm — Stoppelschwamm
Schminkpinsel (z. B. rund Nr. 1; flach Nr. 6, 8, 10)
Eye Shadow Compakt (Lidschattenpuder) / Applikatoren
Wimperntusche — Roll-on mascara (z. B. schwarz, braun)
Wimpernbürstchen (flach und rund)
künstl. Wimpern — Wimpernkleber
Dermatographen (schwarz, grau, dunkelbraun, braun, altrot, hellrot, blau, grün, weiß) und Kajalstifte
Cake Eye liner
Lippenstifte — Lippenpinsel
Zahnlack (z. B. schwarz, weiß, gold)
Weichplastik — Nasenkitt
Mastix
Spiritus — Milder Mastix Entferner
Abschminke (in 3 Größen)
Hydro Abschminköl (in 4 Größen)
Abschminkpapier — Kosmetiktücher
Bartkrepp
Kämme, Haarbürsten, Schere, Pinzette
Haarspray — Haarfarbenspray
Haarnadeln, Haarklemmen
Elastikbinde

Schminken und Maskengestaltung

mit Techniken des Schminkens

Je nach Hauttyp kann vor dem Schminken eine individuell notwendige Präparation mit pflegenden Kosmetika erfolgen. Das bleibt dem Einzelnen überlassen. Grundsätzlich ist eine Vorbereitung der Haut nicht erforderlich. Ein leichtes Einfetten mit Creme ist bei trockener Haut ratsam, jedoch muß der Auftrag gering bleiben, weil bei einem Zuviel die Schminke keine feste Bindung mit der Haut eingeht. Immer sollten sie zuvor die Haut mit Zellstoff abwischen, um eine eventuell vorhandene Feuchtigkeit, Schweiß oder Straßenstaub zu entfernen. Bei fettiger Haut ist ein Reinigen mit einem adstringierenden Gesichtswasser angebracht. Die Haut soll sauber und trocken sein, um eine brauchbare Grundlage für die Schminke abzugeben und eine gute Haftung zu ermöglichen.

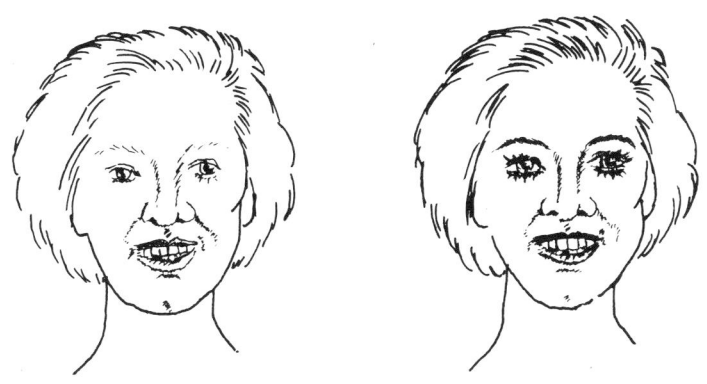

Abb. links: unbetontes weibliches Gesicht.
Abb. rechts: bühnenwirksam geschminkt.

Wir verwenden Fettschminke oder Cremeschminke für das Basis-Make-up (Grundteint). Hierunter versteht man den ersten Farbauftrag, den einfarbigen Grundton, auf welchen andere Farben aufgelegt werden. Dieser Grundteint muß in seiner Farbe jeweils dem Inszenierungsstil und dem Charakter der Rolle entsprechen und der Größe der Bühne (Farbintensität) angepaßt sein. Die Konzep-

tion kann Transparenz verlangen, wenn es um größtmögliche Natürlichkeit geht; wobei der eigene Hautton erkennbar bleibt und einzubeziehen ist. Das empfiehlt sich für Aufführungen auf kleiner Bühne. Eine deutliche Farbsetzung und Intensität ist dort erforderlich,
wo die größere Bühne mit der Distanz zum Publikum und den Licht-
verhältnissen dieses notwendig macht. Die Schminke ist pastos aufzutragen, wenn Schminke offenkundig und erkennbar sein soll, und
dieses dann als Stilelement zu verstehen ist.

Grundsätzliches zum Schminken

Aufhellen und Abdecken von Flächen und Hautunreinheiten mit Deckcreme vor dem Auftragen des Grundteints

Gehen wir davon aus, daß wir ein *Beauty-Make-up* schminken wollen, so müssen wir das Gesicht so vorteilhaft wie nur möglich her-
richten. Das besagt, daß wir vertiefte, faltenbildende Flächen, wie
es insbesondere unter dem Auge der Fall ist, zuvor mit heller Deckcreme vorschminken. Damit heben wir die Faltenkontur auf und
egalisieren folglich die Grundlage. Gleichzeitig erzielen wir eine helle
Fläche unter dem Auge, selbst wenn diese anschließend mit Grundteint überzogen wird und damit das Hell mildert. Die helle Fläche
stellt das Auge beim späteren Umzeichnen und Betonen klarer heraus und läßt die Augenumzeichnung sauber erscheinen.
    Störende Details wie Sommersprossen, Pigmentflecke, Mutter-
male und insbesondere Rötungen der Wange, im Nasenbereich oder
der Nase lassen sich mit Fettschminke allein nicht abdecken. Dafür
hat diese, selbst bei schichtigem Auftragen, zuviel Transparenz. Die
Hautunreinheiten werden sich immer durch die Schminke hindurch
bemerkbar machen und müssen daher zuvor neutralisiert werden,
welches mit der festeren Konsistenz der Deckcreme möglich ist. Diese Voraussetzung gibt die Gewähr für eine einwandfreie Grundlage
und hat vor dem Auftragen des Grundteints zu erfolgen.

Auftragen des Grundteints

Die Schminke ist mit einem leicht gefeuchteten Schminkschwämm-
chen oder Kosmetikschwamm aufzutragen, wobei wir auf der Stirn
über den Augenbrauen beginnen. Auf dieser Fläche können wir zu-

verlässig die Farbsetzung und Intensität ersehen und gegebenenfalls erproben. Nach dem Verteilen des ersten Auftrags bleibt immer noch reichlich Schminke am Schwämmchen, so daß wir erst jetzt den verbliebenen Rest bis unmittelbar an den Haarersatz heranwischen, ohne dabei in die Haare zu schminken. Dann nehmen wir erneut Schminke auf und geben sie auf die großen Flächen wie Wangen, Augehöhlen (hier mit Vorsicht), den Nasenbereich, die Mundpartie und das Kinn. Stets ist darauf zu achten, daß die Schminke gleichmäßig und fleckenfrei verteilt wird, und insbesondere der Faltenbereich unter dem Auge und die Nasenflügelfurche eine saubere Farbsetzung zeigen. Unter das Auge ist vorsichtig bis nahe an den Lidrand mit dem Finger heranzuschminken, um die leichte Röte des Lidrandes abzudecken.

Der Hals und die Ohren sind in die Maske einzubeziehen. Keinesfalls darf die Schminke abrupt am Unterkiefer enden — das sieht *maskenhaft* aus. Bei einer Grundfarbe, die dem Hautton ähnlich sieht, ist es weniger auffällig, kann sich aber im Bühnenlicht stärker und dann als störend bemerkbar machen. Immer ist zum Hals hin die Schminke in der Art auszustreichen, daß sie irgendwo übergangslos endet. Bei abweichenden und intensiven Farben ist ein Schminken des Halses nicht zu vermeiden, wobei ich außer dem Halsausschnitt auch die Hände in dem gleichen Farbton zu halten habe. Das erfolgt dann mit Naßschminke.

Keinesfalls dürfen Sie die Ohren vernachlässigen. Sie sind stets mitzuschminken, und das vorbeugend, weil sie im Laufe des Spiels durch die Erregung häufig rot anlaufen und sich dann farblich gravierend abheben und als Fremdkörper empfunden werden. Oftmals genügt es, die umlaufende Ohrleiste und das Ohrläppchen leicht mit Grundteint anzuwischen.

Korrekturmöglichkeiten eines breitflächigen Gesichts

Mit dem Basis-Make-up ist der gewünschte Grundton gesetzt und gleichzeitig eine gleichmäßige Farbschicht aufgelegt. Nun sind Korrekturen von breitflächigen und auch von schmalen, hageren Gesichtern möglich. Immer nutzen wir hierfür den Effekt, der durch die räumliche Distanz des Darstellers zum Publikum besteht und durch das Bühnenlicht bedingt, solche Maßnahmen erlaubt, und die individuell, farblich betonten Flächen als natürliches Aussehen zeigt.

Ein breitflächiges Gesicht eignet sich allgemein gut zum Schminken, denn die Flächen bieten sich an für das Einbringen von plazierten Schattierungen und Charakterzeichnungen. Wenn es um das Beauty-Make-up geht, so erstrebt man ein vorteilhaftes, schlankes Aussehen. Hier kann es zu Schwierigkeiten führen, wenn die vom knöchernen Schädel vorgegebene Breitflächigkeit durch eine Vollwangigkeit verstärkt wird, die sich bis zum Untergesicht erstreckt und sich außerdem im Doppelkinn bemerkbar macht. Stets sind bei einem breitflächigen Gesicht mit auftragenden Wangen und breitem Unterkiefer die Seitenflächen so abzuschattieren, daß der mittlere, vertikale Teil des Gesichts heller ist und damit in seiner optischen Aufhellung hervortritt.

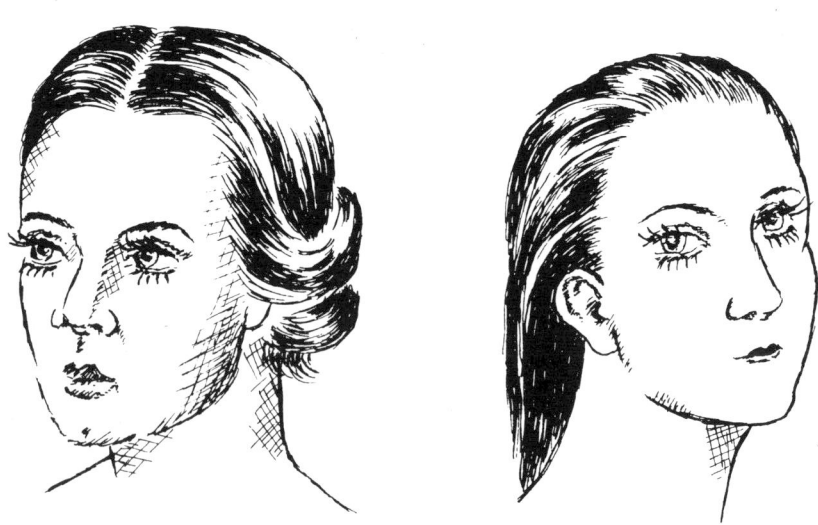

Individuelles Beauty-Make-up
Abb. links: volles Gesicht mit Wangen- und Nasenschatten.
Abb. rechts: normales Gesicht, welches nicht abschattiert wird und
bei der langen Nase kein Nasenschatten erfolgen darf.

42

Schon mit dem bewußten Setzen von Rougetönen kann ich schattieren und breite Gesichter korrigieren. Das ist unzureichend bei vollen Gesichtern, wo wir individuell die seitliche Wangenpartie und nach unten bis über den Unterkieferwinkel hinaus abdecken müssen und die Schattierung auch bis zur Schläfe hochziehen. Immer muß in der vertikalen Breite des Gesichts das in der Fläche verbleibende *Hell* vom Haaransatz bis zum Kinn reichen. Es ist darauf zu achten, daß der Schattenton nicht plötzlich ansetzt, sondern weich in die andere Farbe übergeht. Auch ein Doppelkinn läßt sich durch das Auflegen eines dunkleren Tones abschwächen, wie es auch möglich ist, durch einen seitlichen Nasenschatten die Fülle der Nase zu mildern und sie dadurch länger erscheinen zu lassen. Dieses kann ich noch durch einen hellgeschminkten Nasenrücken unterstreichen, darf aber die schlanke Nasenform nicht übertreiben, damit die Nase nicht unharmonisch im Gesicht erscheint.

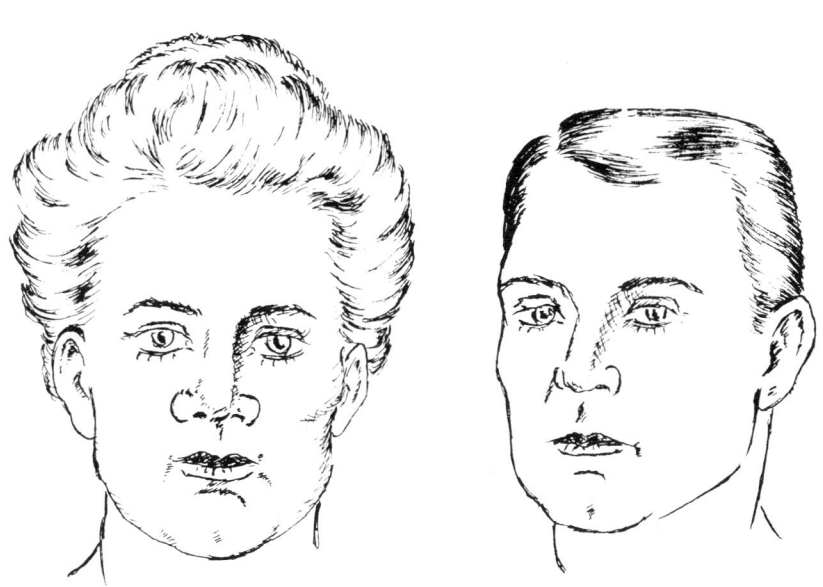

Einseitig ausgeführte Nasenschatten bei breiter Nase.

Korrekturmöglichkeiten eines hageren Gesichts

Bei einem hageren Gesicht mit eventuell eingefallenen Wangen kann ich durch entsprechendes Auflegen heller Schminke die tiefliegenden Flächen optisch anheben und damit eine Fülle vortäuschen. Es ist möglich, den umgekehrten Weg zu gehen, indem ich den Grundton heller wähle und eventuell auf hervortretende Stellen einen dunklen Ton lege.

Oftmals sind die Augen tiefliegend in die Augenhöhlen gebettet, während die Nase überschlank aus dem Gesicht hervortritt. In diesem Falle kann ich mit einer Aufhellung die Augentiefe abschwächen. Selbstverständlich muß ich dann später dunkle Lidschattentöne vermeiden. Die herausragende Nase habe ich dunkel abzudecken.

Bei eingefallenen Wangen ist das Wangenrouge sehr vorsichtig zu setzen, weil Rottöne schattieren und die Wangen dann noch mehr eingefallen erscheinen lassen. Bestenfalls eignet sich ein heller Rougeton, der lediglich eine farbliche Belebung der Wangenpartie abgibt.

Abpudern

Wenn nun mit Trockenschminke (Lidschatten und Rouge) weitergearbeitet werden soll, so pudern wir jetzt das Gesicht ab. Hierfür benutzen wir einen speziellen, fettfreien Trockenpuder oder Translucentpuder, der die Schminke bindet und festigt. Mit der zusammengefaßten Puderquaste wird eine geringe Menge Puder aufgenommen, zuvor auf dem Handrücken abgedrückt und der verbliebene Rest in das Gesicht gebracht. Damit vermeiden wir ein Zuviel an Puder. Mit leichtem Druck wird der Puder in die Schminke *eingedrückt* oder leicht *eingeklopft*, so daß sich Schminke und Puder verbinden und eine wischfeste Schicht entsteht. Der überschüssige Puder wird anschließend mit einem weichen Puderpinsel entfernt.

Mit diesem Basis-Make-up ist der einfarbige Grundton gesetzt, den wir nachfolgend farblich beleben, was eventuell schon durch Abschattierungen in bestimmten Bereichen erfolgt ist.

Beauty-Make-up bei der Frau

Die Voraussetzung für ein gutes Aussehen ist die Beachtung des Vorgenannten, nämlich eine sorgfältig ausgeführte, saubere Grundlage. Auf dieser sind die Flächenzeichnungen und Details präzise anzulegen.

Die Details verlangen ein hohes Maß an Einfühlungsvermögen, Form- und Farbempfinden und Geschicklichkeit. Als erstes schminken wir die Augenpartie. Es stellt gleichzeitig das i-Tüpfelchen des Beauty-Make-ups dar.

Ablaufplan »SCHMINKEN«

Basis-Make-up

▼

Abschattieren

▼

———(Weiterarbeiten mit:)———

▼   ▼

Trockenschminke (z. B. BEAUTY)	**Fettschminke** (z. B. CHARAKTER)
▼	▼
Abpudern	Flächenschminken
▼	▼
Lidschatten	eventuell Abpudern
▼	▼
Lidstrich	Details schminken
▼	▼
künstliche Wimpern?	Abpudern
▼	▼
Wimperntuschen	Lidstrich?
▼	▼
Rouge	künstliche Wimpern?
▼	▼
Augenbrauen	Wimperntuschen?
▼	▼
Lippenschminken	Augenbrauen
▼	▼
Körperschminken	Lippenschminken?
	▼
	Körperschminken

Das Schminken der Augenpartie

Lidschatten

Zuvor möchte ich kurz das Auge beschreiben: Die Lidspalte gibt den Augapfel frei. Der obere Lidrand ist besäumt von Wimpern, der untere von den kürzeren Lidhaaren. Wir unterscheiden oberhalb der Augenöffnung das Oberlid und die Deckfalte des Oberlids (Brauenwulst), getrennt von der Lidfalte. Seit Jahren ist im modischen Make-up das Betonen der Lidfalte üblich, welches für das Bühnenschminken übernommen wurde. Die Fläche unter dem Auge ist ebenfalls unterschieden in Unterlid und Deckfalte des Unterlids. Die letztere wölbt sich im Alter vor und bildet den Tränensack.

Das Schminken der Augen beginnt mit dem Setzen des Lidschattens in der Betonung der Lidfalte, wobei wir bedingt den jeweiligen modischen Akzent in Farbe und Formgebung berücksichtigen, soweit es sich für das Auge und für die Bühnenwirkung positiv auswirkt und für die Rolle angebracht ist. Natürliches Aussehen erfordert demgegenüber dezente Farbsetzung.

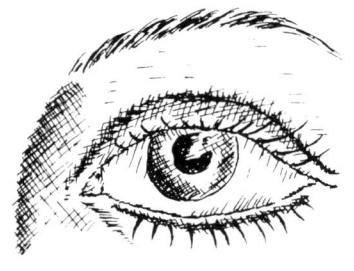

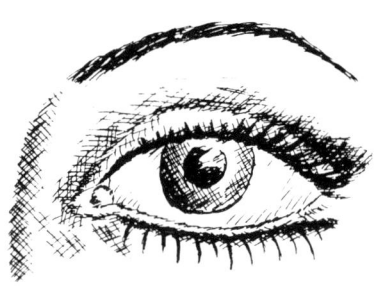

Abb. oben: das unbetonte Auge.
Abb. unten: das bühnenwirksam geschminkte Auge.

Wir benutzen für den Lidschatten Lidschattenpuder, der in Kompaktform in Einzelfarben und in verschiedener Palettensortierung angeboten wird. Zum Auftragen finden die beigefügten Applikatoren Verwendung. Sie sind ideal für den eigenen Bedarf, während Sie für das Schminken anderer Personen Rund- oder Flachpinsel in den Stärken 6—10 bevorzugen sollten, wie sie von Profis benutzt werden. Der Puder wird vom Puderstein mit trockenem oder feuchtem Applikator abgenommen und in die Lidfalte und von dort auf das Lid gebracht. Für das Naßverfahren eignet sich nicht jeder Lidschattenpuderstein. Naß aufgetragen wirken die Farben wesentlich farbintensiver.

Je nach Untergrund ist Puderschminke nicht immer leicht, nämlich fleckenlos, aufzutragen. Am Applikator darf nur wenig Farbe sein, und erst durch mehrmaligen Auftrag ist die notwendige Farbsättigung erzielt. Wichtig ist die gleichmäßige und saubere Färbung. Als erstes erfolgt die Betonung der Lidfalte im äußeren Augenwinkel mit einem mittleren bis dunklen Braunton ohne Glimmereffekt. Wir legen die Farbe in der Faltenbildung an und streichen sie von dort auf das Oberlid und die Deckfalte aus, wobei wir auf der Deckfalte zur Schläfe hin einen leicht schrägen, aufwärts gerichteten Verlauf suchen, der individuell anzupassen ist. Bei einer sich vorwölbenden Deckfalte (Brauenwulst) kann damit gleichzeitig eine Abschattierung vorgenommen werden. Abschließend setzen wir einen stärkeren Schattenton mit der stärksten Betonung nahe der Wimpernbasis auf das Oberlid im äußeren Bereich und lassen diesen in die Schräge einlaufen.

Auch das Unterlid erfährt unmittelbar an der Wimpernbasis eine *angedeutete* Schattierung, welche ab dem zweiten Drittel der Augenbreite sehr dezent und schmal angelegt beginnt, dann allmählich breiter in der Farbsetzung wird, um dann die Augenrundung verlassend geradeaus in die Fläche einzulaufen und dort zu enden. Mit dieser Geraden vermeiden wir eine optische Einengung des Auges. Immer ist bei einer Umfeldschattierung der stärkste Akzent nahe den Wimpern anzulegen.

Die Grundschattierung setzt die Konturen. Für das tägliche Make-up entscheiden wir uns dem Typ entsprechend und modisch beeinflußt für Lidschattentöne, welche weitgehendst durch die Augen- und Kleiderfarbe bestimmt werden, mit der ein Lidschatten harmonisieren soll. Trotzdem lassen sich auch fremde und grelle Farben einbringen, die dann offenkundig als modisches Attribut zu sehen und zu akzeptieren sind, soweit es die darzustellende Figur erlaubt.

Für die Bühne gilt es, vorrangig das Auge überzeichnet herauszustellen. Die typunterstreichenden Feinheiten in Farbe und Nuancierungen sind beim Tages-Make-up bedeutungsvoll, kommen aber beim Bühnenschminken nicht zur Geltung, weil sie durch die Entfernung verloren gehen. Es müssen folglich bühnenwirksame Farben und stärkere Akzentuierungen angebracht werden. Zum Braunton als erste Farbe kommt eine Grün- oder Blauvariante hinzu, dem man eine Farbe mit Perleffekt (irisierend) zugeben kann, beispielsweise auch Gold. Ein Lidschatten wirkt immer interessant, wenn er mehrfarbig angelegt ist, ohne sich deswegen in Vielfarbigkeit zu verlieren. Immer soll eine Farbe dominieren. Diese Farbe wird auf das Oberlid aufgelegt, wobei die stärkste Betonung im äußeren Augenbereich liegt und zum inneren Augenwinkel hin schwächer werdend, dort die wenigste Farbe zeigt. Außen geht die Farbsetzung seitlich über die Lidfalte hinaus und verliert sich auf der Deckfalte des Oberlids. Die gleiche Farbe setzen wir dezent unter das Auge zum vorgelegten Braunton hinzu.

Lidstrich

Das modische Make-up kennt nicht zu allen Zeiten das Umzeichnen der Augen, doch für das Bühnenschminken kann man nicht darauf verzichten. Hierbei halten wir uns wieder an die natürliche Vorgabe der Wimpernbasis, die wir mit einer Strichzeichnung verstärken. Mit einem gut gespitzten, dunkelbraunen Derma setzen wir zuerst den Lidstrich am Oberlid, beginnend im inneren Augenwinkel, bleiben dünn im Ansatz und führen den Strich an den Wimpern entlang nach außen, wobei sich der Verlauf der Strichzeichnung von der Augenform entfernt, um der Schräge des gezeichneten Lidschattens zu folgen. Damit *öffnen* wir von der Wirkung her das Auge. Stets soll für die Bühne der Lidstrich über den äußeren Augenwinkel hinausgehen, und dieses sowohl beim oberen wie auch beim unteren Strich. Der Lidstrich unter dem Auge beginnt dünn hinter der Ausbuchtung und verläuft, wie die Lidschattenbetonung, gerade in die Fläche ein.

Bei dunkelhaarigen Menschen und Südländern zeichnen wir die Konturen mit schwarzem Derma nach. Die Strichform läßt sich mit dem Finger verwischen und in der Härte mildern. Das Umzeichnen mit Eye-liner erfolgt mit einem Feinzeichnerpinsel. Dieser Strich ist scharf konturiert und intensiv in der Farbe. Er läßt sich nicht auswischen und abschwächen. Es gibt Fälle, wo diese harte Konturzeichnung notwendig ist.

Wimperntuschen

Das Tuschen der Wimpern verstärkt den Eindruck vom Auge. In der dunklen Umgrenzung durch Lidschatten, Lidstrich und Wimpernbetonung und durch das Kleben von künstlichen Wimpern, wird das Weiß des Augapfels deutlich hervorgehoben und das Auge erhält mehr Aussagekraft. Mit dem Farbauftrag auf die Wimpernhärchen werden diese mit Farbe umgeben, und man erreicht eine Verstärkung des einzelnen Härchens mit festigender Wirkung, so daß sich die gefärbten Wimpern strahlenförmig zeigen und in ihrer Gesamtheit das Auge wirkungsvoll umrahmen.

In der Materialbeschreibung habe ich unter *Wimperntusche* die herkömmlichen Wimperntuschen und die Arbeitsweise beschrieben, die ich hier noch einmal kurz wiedergebe:

Zuerst werden die Oberwimpern bei geschlossenem Auge grundsätzlich vom Ansatz zu den Spitzen und obenauf getuscht. Hiermit bezweckt man ein Sättigen der Härchen mit Farbe. Anschließend tuscht man bei offenem Auge von unten dagegen. Mit diesem Auftrag erfolgt gleichzeitig eine Formgebung mit dem gewünschten Schwung nach oben durch die Führung von Wimpernroller oder Bürstchen. Nach dem Trocknen werden die Unterwimpern (Lidhaare) getuscht, jedoch nur von obenauf. Anschließend sind mit dem runden Wimpernbürstchen verbliebene Tuschkrümel zu entfernen. Vorsicht beim Tuschen, damit sich die Farbe nicht auf die Haut überträgt. Mit einem Q-Tip können solche Fehler korrigiert werden.

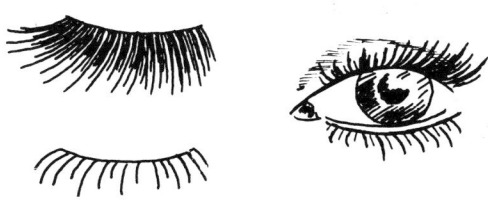

Abb. links: künstliche Wimpern und Unterwimpern für das rechte Auge.
Abb. rechts: linkes Auge mit geklebten Wimpern.

Das Kleben künstlicher Wimpern

Wenn die eigenen Wimpern spärlich sind oder die Ausdruckskraft des Auges intensiviert werden soll, muß man künstliche Wimpern hinzukleben. In diesem Falle wird nicht zuvor getuscht, sondern man klebt erst die Wimpern und färbt anschließend. Hierbei tuscht man die geklebten Wimpern mit den eigenen zusammen und festigt sie gleichzeitig. Die Technik des Anklebens können sie unter der Materialbeschreibung *Künstliche Wimpern* nachlesen.

Wangenrouge

Mit der Augenbetonung ist der entscheidende Akzent gesetzt. Nachfolgend geht es um Nuancierungen, die vergleichbar eine untergeordnete Rolle spielen und doch ihren Stellenwert haben, weil sie das Ganze harmonisch abrunden.

Wir geben Rouge auf die Wangen und benutzen hierfür Kompaktpuder (Puderrouge). Dieser wird mit einem weichen Puderpinsel aufgetragen, der ein konturloses Ansetzen ermöglicht. Es ist wenig Puder aufzunehmen, um kontrolliert die Farbsetzung zu dosieren. Durch mehrmaliges Auftragen ergibt sich die Farbsättigung. Entsprechend der modischen Aktualität wird die Wangenfläche im Jochbeinbereich betont. Die stärkste Farbsetzung legen wir unterhalb des Jochbeines an, von wo sie in leichter Schräge auf die Nasenspitze zugeführt wird, ohne deswegen in den mittleren Gesichtsteil einzulaufen. Das Rouge ist leicht auf das Jochbein hochzuziehen. Es darf sich dort nicht als plazierte Farbe bemerkbar machen. Der Augenbereich ist auszusparen. Ein wenig Rouge unter der Braue schmeichelt dem Auge. Dabei kann eine vorfallende Deckfalte mehr vertragen.

Das Wangenrouge kann sowohl ein belebendes Rouge auf den Wangen sein und auch als Wangenschatten gelten, je nach Farbton und Plazierung. So modellieren wir mit bräunlichem Rouge und setzen bei einem breiten Gesicht seitlich großflächig an und beziehen die hintere Gesichtshälfte ein. Damit können wir eine Gesichtsfülle abschwächen. Hierbei ist eventuell die Schläfenpartie einzubeziehen. Ein spitzes, auftragendes oder langes Kinn läßt sich mit Rouge korrigieren. Es ist immer angebracht, einen *Hauch von Rouge*, ohne daß es als solches erkennbar wird, über das Kinn und die Stirn als belebendes Element aufzutragen.

Augenbrauen

Erst nach dem Rougeauftrag zeichnen wir die Augenbrauen. Jetzt können wir das Gesicht überschauen und beurteilen, welche Brauenform wir wählen. Das Tages-Make-up erstrebt größtmögliche Natürlichkeit in Form und Farbe ohne Konturzeichnung. Das ist für die Bühne nicht vertretbar, wo wir ohne Zeichnung nicht auskommen. Obwohl auch hier die individuelle Form Berücksichtigung findet, versuchen wir die Brauenzeichnung doch möglichst hoch über dem Auge anzulegen.

50

Wir benutzen einen dunkelbraunen Derma, beim blonden Typ den hellbraunen. Unter Berücksichtigung der individuellen Eigenart erfolgt die Konturzeichnung am oberen Rand der Braue, um das Augenumfeld möglichst groß und offen zu halten. Die Formgebung soll so angelegt sein, daß sich die Braue im geschwungenen Halbrund über dem Auge wölbt. Die Zeichnung kommt aus dem Brauenansatz heraus, verläuft am oberen Rand der Braue und vielleicht ein wenig im Schwung darüber hinaus, um dann in einem schmalen Strich auszulaufen.

Variationen sind dem Typ entsprechend vorzunehmen und gut zu heißen, soweit sie dem Auge zuträglich sind. Grundsätzlich darf die Braue nicht schwer über dem Auge lasten und auf dieses drücken. Bei vorhandener voller und dunkler Braue darf diese nicht noch farbintensiviert werden. Eventuell läßt sich eine Braue auch mit Weichplastik teilweise oder ganz abdecken, was präzise gemacht werden muß, wenn es nicht als unsauber erscheinen soll. Selbst wenn das aufgetragene Plastilin in der Betrachtung im Spiegel erkennbar ist, so wird sich dieses auf die Entfernung verlieren.

Die Brauenzeichnung der 30er Jahre kannte die abrasierte und im Strich nachgezeichnete Braue. Gilt es ein Gesicht im Stil dieser Zeit zu schminken, so ist hier die gesamte oder die untere Hälfte der Braue mit Weichplastik abzudecken.

Südländer besitzen volle und dunkle Brauen. Hier ist, nach vorangegangener Braunzeichnung, mit schwarzem Derma nachzuzeichnen.

Der Mund

Das Gesicht ist bis auf den Mund mit bühnenwirksamem Make-up versehen. Das Auge mit Lidschatten, Umzeichnen, Wimpernbetonung und Nachzeichnen der Augenbraue ist das i-Tüpfelchen des Beauty-Make-ups. Das Rouge unterbricht die Fläche farblich. Jetzt gilt es, den Mund zu schminken. Durch eine betonte Farbsetzung und dem Lippenprofil ist er ein farblich herausragendes Merkmal, der eine einfühlende Schminkweise verlangt. Es ist hierbei zu bedenken, ob der Mund natürlich erscheinen oder als geschminkter Mund gelten soll. Entsprechend ist die Lippenfarbe zu wählen und die Konturzeichnung vorzunehmen.

Das Lippenprofil wird mit dem Lip liner oder Derma festgelegt, die Fläche anschließend mit Lippenstift ausgefüllt oder besser, die Farbe wird vom Lippenstift mit dem Pinsel abgenommen und aufgetragen. Helle Farben vergrößern den Mund, während ihn dunkle kleiner erscheinen lassen. Auch hier ist eine Zweifarbigkeit angebracht. Lesen Sie weitere Anmerkungen unter *Lippenstifte* nach.

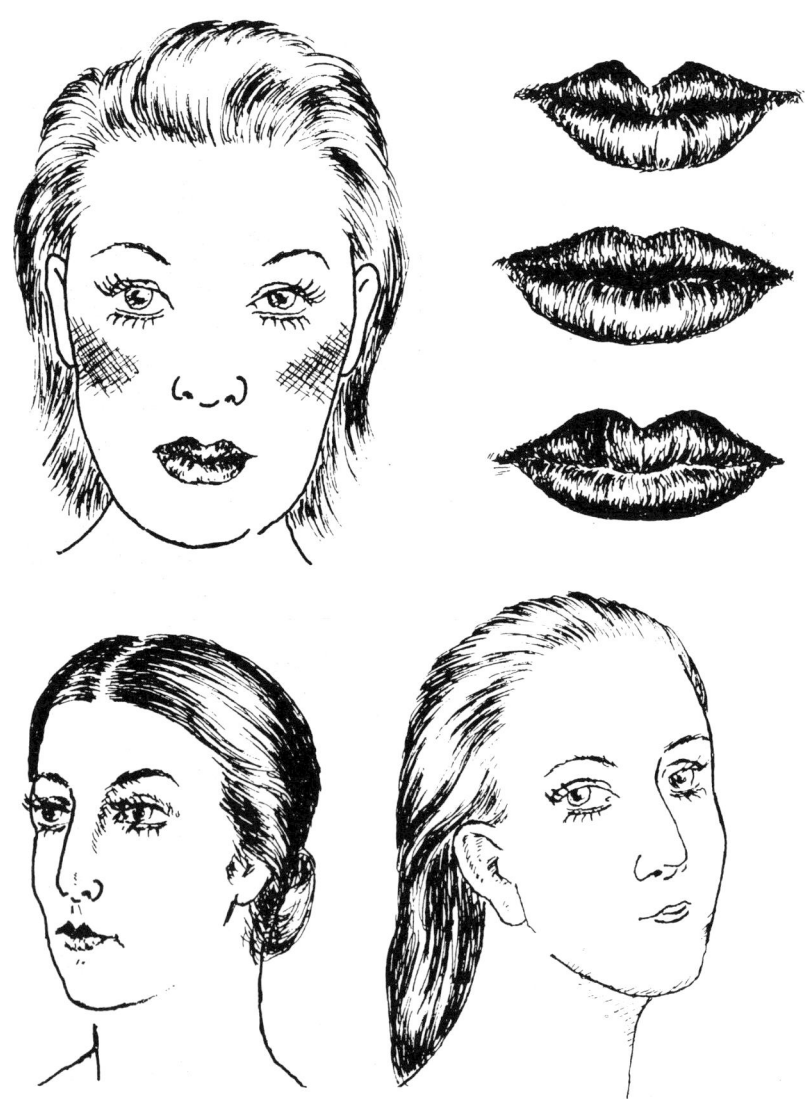

Abb. links oben: gesetztes Wangenrouge (überzeichnet).
Abb. rechts oben und unten: weibliche Mundformen.

Das Beauty-Make-up in Art des natürlichen Aussehens bei der Frau

In Unterscheidung zu dem vorgenannten Beauty-Make-up, welches den modischen Akzent berücksichtigt, und wo auch gelegentlich das modische Geschminktsein erkennbar sein kann, gibt es als andere Möglichkeit das *Beauty-Make-up natürlicher Schönheit*. Das Gesicht soll als ungeschminkt gelten, doch Farben und Konturierungen sind wegen der Bühnenwirksamkeit notwendig und deshalb mit großem Einfühlungsvermögen einzubringen.

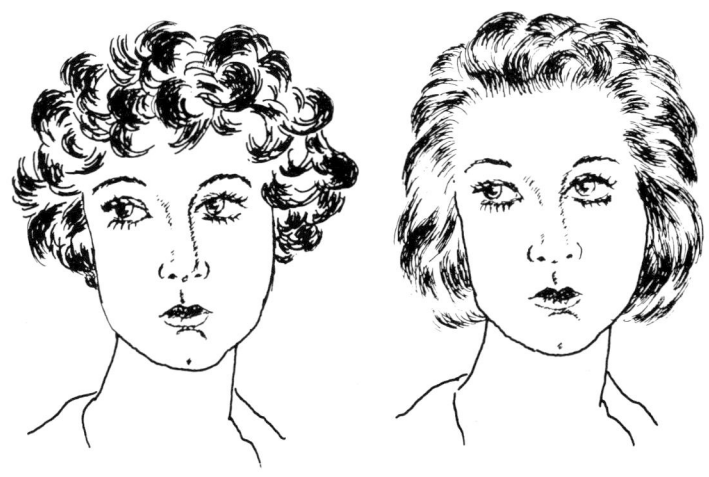

Individuelles Beauty-Make-up;
modernes Beauty mit verschiedenen Frisuren.

Wir halten uns an das Vorgenannte und schattieren bei vollen Gesichtern. Allerdings darf die Anlage der Schatten keinen modischen Aspekt zeigen. Wichtig ist bei der Augenbetonung, daß wir diese dezent vornehmen, natürliche Farben bevorzugen und irisierende Effekte unterlassen. Der Lidstrich ist lediglich bühnennotwendige Augenbetonung und ist unaufdringlich zu zeichnen. Auf dem Oberlid lassen wir den auslaufenden Strich in nur leichter Schräglage verlaufen. Bei den Augenbrauen herrscht Natürlichkeit vor. Eventuell genügt es, mit dem Bürstchen ein wenig Farbe anzuwischen und anschließend leicht den Auslauf der Braue mit einem

53

braunen Derma zu konturieren. Vermeiden Sie eine scharfe Strichzeichnung. Das Rouge bleibt auf den Jochbeinbereich begrenzt, zeigt aber keine modische Modellierung sondern Flächigkeit und natürliche Färbung. Wichtig ist beim Lippenschminken, daß kein stark konturiertes Lippenprofil erscheint und die Lippenfarbe natürlichem Aussehen entspricht.

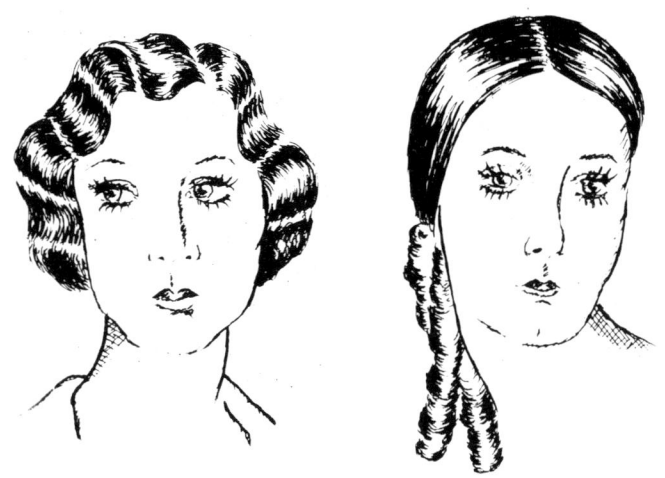

Individuelles Beauty-Make-up
Abb. links: Beispiel 30er Jahre.
Abb. rechts: sensibler Typ, zart angelegt.

Das Beauty-Make-up beim Mann

Der Mann kennt kein Geschminktsein. Wir erstellen daher ein natürliches Beauty. Der einfarbige Grundton bestimmt das Aussehen. Im allgemeinen ist mit dem Basisschminken die notwendige Farbigkeit gesetzt, um ein bühnenwirksames Aussehen zu erreichen. Vergleichbar zum Grundteint einer Frau sind die männlichen Hauttöne dunkler zu wählen. Ebenso werden Hautunregelmäßigkeiten akzeptiert. Ein männliches Gesicht darf nie makellos aussehen, weil es dann feminin wirkt. Der männlich-herbe Typ ist gefragt und zum Ausdruck zu bringen. Daher unterlassen wir das Aufhellen mit Deckcreme im Augenbereich. Abschattieren voller und das Aufhel-

54

len schlanker Gesichter ist angebracht und entsprechend der Anmerkung unter *Grundsätzliches zum Schminken* anzuwenden. Besser ist es, bei vollen Gesichtern die Fülle durch einen leichten Bartschatten zu kaschieren.

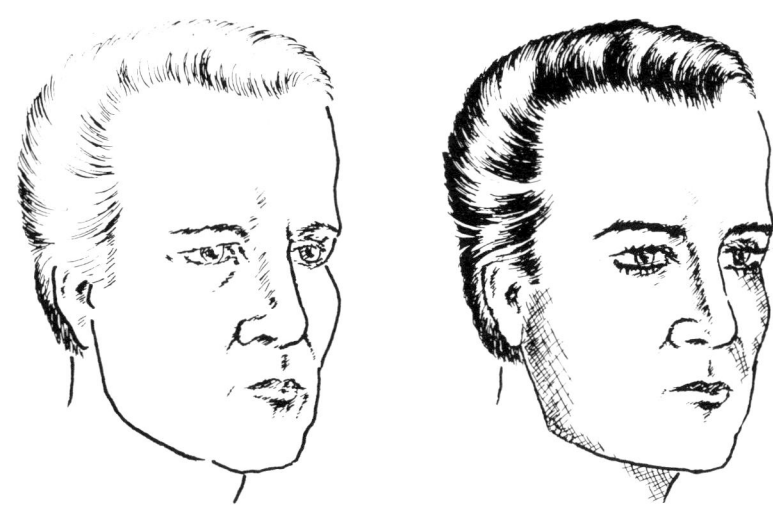

Abb. links: normales, unbetontes Männergesicht
Abb. rechts: bühnenwirksam geschminkt

Das Oberlid ist leicht mit einem dunklen Braunton abzudecken. Außerdem wird ein Nasenschatten angelegt, der seitlich an der Nasenwurzel beginnt und sich bis zum Brauenansatz hochzieht. Dieser läuft bis zur Nasenspitze herunter. Mit dieser Nasenprofilierung bekommt das Gesicht eine markante Note. Männlich-verwegenes und *abenteuerliches* Aussehen ist *in* und dort vorzunehmen, wo es angebracht ist. Es läßt sich durch einen leichten Bartschatten erreichen, der sich bis zu einer mit dem Stoppelschwamm getupften Unrasur steigern kann. Für Bartschatten verwendet man Braun- oder Grautöne, die man anschließend gut abpudert.

Die Umrandung der Augen ist wegen der Bühnenwirksamkeit erforderlich. Sie ist lediglich als dunkle Strichzeichnung ohne modische Raffinesse zu werten und verstärkt die Wimpernbasis. Die Strichführung auf dem Oberlid kennt keinen schrägen Auslauf und auch der Strich am Unterlid ist nur eine Begrenzungslinie, die das Auge für die Bühnenaussage benötigt.

Während die weibliche Braue geschwungene Form zeigt und dünn gezeichnet wird, gilt es bei der männlichen Braue die Fülle zu erhalten, ohne sie deswegen voll auszuzeichnen. Oftmals genügt ein Anwischen von brauner Dermafarbe mit dem Wimpernbürstchen zur Konturierung, wobei eine Profilierung mit gesetzter Ecke wichtig ist. Diese Härte in der Formgebung wirkt sich positiv auf ein markantes Aussehen aus. Inwieweit die Wimpern zu tuschen sind, ist abhängig vom Gesamteindruck.

Typ Abenteurer

Das männliche Gesicht kennt kein Wangenrouge, sondern nur eine Anfärbung ohne Flächenkontur, die sich nicht auf den Jochbeinbereich konzentriert. Mit dem Puderpinsel wird großflächig ein wenig Rouge auf die hintere Wangenpartie gegeben, auf das Jochbein vorgezogen und dabei auch eine Spur unterhalb der Braue aufgetragen. Die Lippen bleiben unbetont. Trockene Lippen sind mit Lip Gloss (Lippenpomade) zu versehen, dem eventuell bräunlich-rötliche Farbe beigegeben wird.

Bartkrepp

Bärte
Frisuren
Koteletten

Das Charakterschminken

Das Studium von Charakteren ist hinsichtlich der Verwendbarkeit in einem Maskenbild wichtig. Die Auseinandersetzung mit der Psyche und dem Verhalten von Menschen läßt häufig eine Übereinstimmung mit formtypischen Äußerungen im Gesicht zu, weil sich hier Verhaltensweisen und Charaktereigenschaften niederschlagen. Diese charaktertypischen Merkmale in der Physiognomie sind erkennbar und in der Maske anzubringen, weil sie Signalwirkung besitzen und einen Charakter aufzeigen. Doch immer ist die Maske in ihrer Gesamtheit zu sehen, zu der Frisur und Perücke, eventuell Bärte und plastische Teile zählen. Sie vervollständigen erst das Bild.

Das fade, ausdrucksschwache Gesicht
Jugendliche Naivität bis Schlemmermaske

Allein schon in einer hellen Einfarbigkeit liegt ein Charakter begründet. Wenn eine fehlende Konturzeichnung und die Abschwächung von Details hinzukommen, wirkt ein solches Gesicht ausdruckslos. Es reicht, je nach Wahl des Grundtones, vom schemenhaften Geist und blutlosem Vampir bis zum farblosen, charakterschwachen menschlichen Wesen oder Typ (Falstaff).

Beginnen wir mit der Darstellung menschlicher *Naivität* und durchlaufen verschiedene Phasen, indem wir Details hineinbringen. Wie ich bei Seminaren immer wieder feststellte, lassen sich aus den unterschiedlichen Erscheinungsbildern, je nach Können des Einzelnen im Umgang mit Schminke oder, wie es das Individuelle zuläßt, Erkenntnisse zu verschieden gestalteten Charakterbildern ziehen, die allein durch die helle Einfarbigkeit entstehen. Bei abgedeckten Augenbrauen und überschminktem Mund zeigt sich ein erschreckendes Bild vom eigenen Ich, mit dem sich die wenigsten identifizieren. Und doch ist dieses ein gutes Beispiel dafür, was man mit *wenig Schminke* auszurichten vermag; in diesem Falle das neutralisierte Gesicht durch den faden Farbton ohne Konturen.

Wir unterscheiden bei der Farbwahl helle, blaßrosa Farbtöne und aschige. Für den Versuch, ein fades, ausdrucksloses und doch leicht farbbelebtes Gesicht zu erreichen, wählen wir beispielsweise als Grundton 1w bis 3w von KRYOLAN. Wir ziehen die Schminke über die ganze Fläche, lassen dabei Pigmentierungen und Wangenröte gelten, und vermeiden vorerst ein Abdecken der Augenbrauen mit Weichplastik. Augenbrauen und Mund werden allerdings überschminkt.

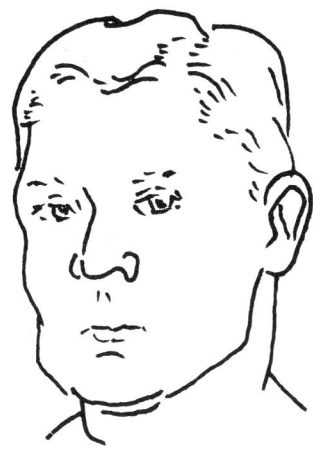

Abb. links: normales Männergesicht.
Abb. rechts: abgeschwächt durch Überschminken mit hellem Teint,
bei dem auch die Augenbrauen und der Mund abgedeckt wurden.

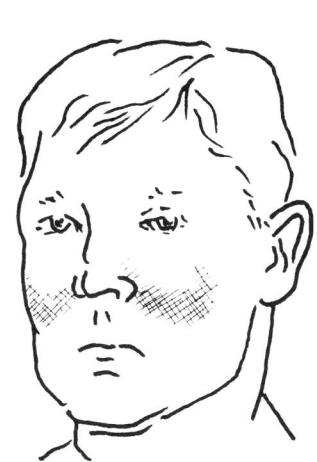

Abb. links: männliches Gesicht mit abgedeckten Augenbrauen und
Mund. Dafür ist eine pausbäckige Röte gesetzt.
Abb. rechts: hinzu kommt Nasenröte, Augenschatten und getupfte
Unrasur. Wirres Haar, struppige Augenbrauen und
Schnurrbart vervollständigen das Bild.

Nun erkennen wir die Ausdruckslosigkeit der Augen, die wir über die verschiedenen Stadien beibehalten. Immer kommt es uns bei diesen Charakterbildern darauf an, daß die vom Auge ausgehende Ausdrucks- und Willenskraft, nämlich die Aussage einer Persönlichkeit, geschwächt bleibt.

Auf der hellen Grundlage bauen wir auf und beginnen mit dem Auflegen von Wangenrouge in Form von *Apfelbäckchen*, die wir nicht wie beim Beauty auf die Jochbeine, sondern nahe der Nase plazieren. Diese Pausbäckigkeit bringt *naive Unbeschwertheit* in ein Gesicht, wie sie Typen in einem Bauernschwank vertragen. In der Steigerung mit getupftem Rot, welches sich auch über die Nase erstreckt, läßt sich gesundes Volkstum und Derbheit ausdrücken. Unterstützt wird dieses durch eine mit dem Stoppelschwamm hergestellte Unrasur, buschig gebürsteten Augenbrauen und einem wirren Haarschopf.

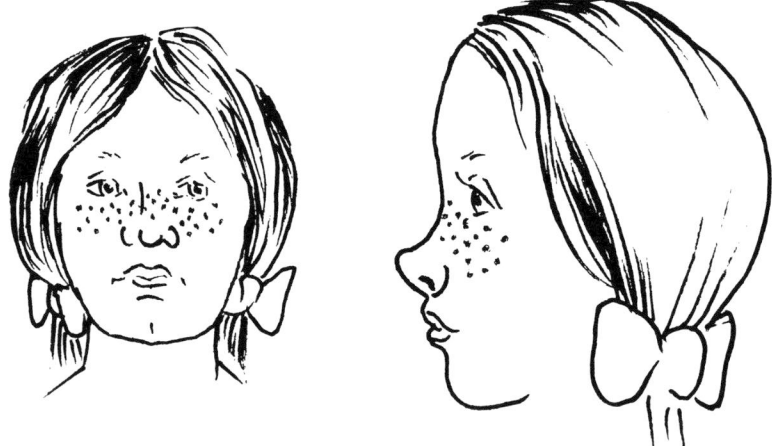

Abb. links: naives, mädchenhaftes Aussehen durch helle Einfarbigkeit, abgedeckte Augenbrauen, Sommersprossenzeichnung und Zopffrisur. Aufgesetzte Nase.
Abb. rechts: Profilansicht, wo die aufgesetzte »Stupsnase« erkennbar ist.

Eine dritte Phase ist ein *jugendlich naiver Mensch*, dem wir zu den Apfelbäckchen Sommersprossen in das Gesicht zeichnen. Wenn wir bei einem Menschen Sommersprossen in großer Zahl sehen und versuchen, dieses nachzuvollziehen, so bringen wir eine Vielzahl von Punkten in ein Gesicht, die auf die Entfernung nicht zu identifizieren sind und nur als schmutzig empfunden werden. Wir belassen es bei wenigen und überzeichnen diese geringfügig, das heißt, wir setzen mit dem hellbraunen Derma Punkte und malen diese größer aus bzw. verwischen sie leicht mit einem Q-Tip, um anschließend mit einem dunkelbraunen Derma einen zusätzlichen Punkt unterzubringen.

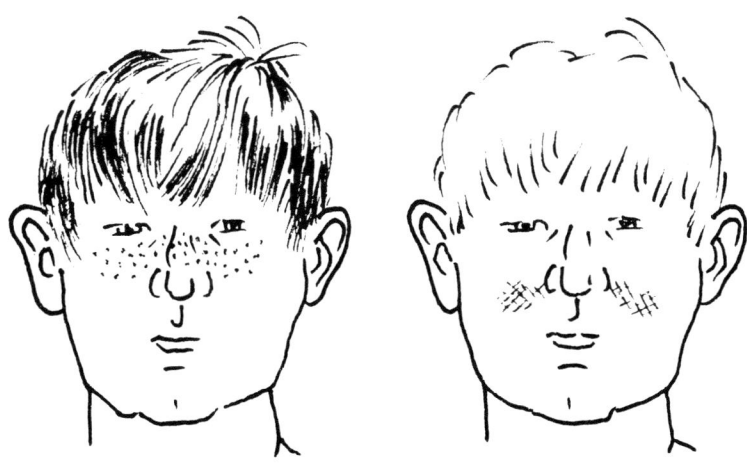

Abb. links: *männliches Gesicht einfarbig ohne Augenbrauen. Auf »jungenhaft« geschminkt durch Sommersprossenzeichnung. Haare in die Stirn gekämmt.*
Abb. rechts: männliches Gesicht einfarbig bis aufgesetzte pausbackige Wangenröte.

Immer spielen die nicht vorhandenen, nur spärlichen oder schwachen Augenbrauen bei dieser Typdarstellung eine große Rolle. In der Augenumzeichnung und Brauenfülle liegen Energie und Kraftaussage eines Menschen begründet, die beim Kind noch nicht vorhanden sind und sich beispielsweise in der schwach entwickelten Braue äußern. Dem kindlichen Gesicht haften Rundungen an und zu einer Profilierung der Konturen und auch der Braue kommt es erst mit dem Heranreifen. Wir erreichen daher mit fehlender Brauenbetonung eine schwache Persönlichkeitsaussage. Es genügt in den meisten Fällen, die Braue mit Schminke abzudecken oder teilweise mit Weichplastik zu versehen, so daß nur wenige Härchen verbleiben, die dann farblich betont werden und struppig abstehen.

Der Mund zeigt sich konturlos. Keinesfalls dürfen wir die Lippen voll ausschminken, um nicht den Eindruck von Vitalität zu erwecken. Eventuell paßt ein *Mündchen* in das Gesicht. Hier betonen wir lediglich den Mittelteil des Mundes in Art eines *Kirschmundes* mit klarer Konturierung oder in nur angedeuteter Form.

In der Steigerung ist der *Falstafftyp* kein energiegeladener Mensch, sondern er ist symbolisch die Verkörperung des unbeschwerten, lebensfrohen Menschen, der dem guten Leben zugetan ist und dieses äußerlich in seiner Fettleibigkeit und weinseligen Röte im Gesicht zum Ausdruck bringt. Auch ihm fehlt die Brauenkontur und seine Augen sind unbetont. Sie erscheinen uns wie *in Fett gebettet* und haben keine Aussagekraft. Beim Falstafftyp kommt eine Gesichtsfülle mit Doppelkinn hinzu.

Abb. links: auf helle Einfarbigkeit aufgebaute Maske (Falstaff). Hier dominiert die Fülle mit Doppelkinn, Wangen- und Nasenröte und halben Augenbrauen.
Abb. rechts: auf heller Einfarbigkeit aufgebaute Maske.

Die aussagestarken Charaktere

Wenn die vorgenannten Charaktere als die Kindlich-Naiven bis unbeschwert Gutmütigen gelten, so zählen die nachfolgenden zu den Härteren mit markanten Gesichtszügen und Konturen. Hier bestimmen nicht die weichen Linienführungen das Bild wie Stups- oder Knollennase, die schwach ausgeprägten Augenbrauen und die unbetonten Augen, auch nicht das volle Lippenpaar des Falstaff. Erkennbar sind im Gegensatz stark ausgeprägte Gesichtsmodellierungen und hervortretende, augenfällige Merkmale wie Nasenprofile (Adlernase), scharfgeschnittene Münder und dominierende Augenbrauen. Die Theaterfiguren reichen vom betont Männlichen bis zum *Theaterbösewicht*. In diese Gruppierung gehören die dramatischen Personen, der Despot und Intrigant. Überwiegend sind es Männerrollen, die einer solchen Charakterzeichnung bedürfen.

Wir versuchen grundsätzlich von normalen Hauttönen auszugehen, die wir als Grundfarbe vorlegen. Die Aufhellungen und Schattentöne, die im Effekt Formveränderungen in der Fläche bewirken und neben den Detailzeichnungen zur Charakteraussage beitragen, bringen durch ihre Eigenwilligkeit schon viel Unruhe in das Gesicht, weil es überwiegend unbunte Farben sind, die stark kontrastieren. Würden wir von vornherein abweichende Farben bevorzugen, kann es uns passieren, daß es zu einer Unnatürlichkeit und Überladenheit führt.

Als Anhaltspunkt für die Flächenbestimmung gelten die anatomischen Voraussetzungen im Gesicht, an die wir uns halten müssen. So setzen wir beispielsweise den Wangenschatten unterhalb des Jochbeines an oder schattieren die Schläfe hinter der hervortretenden Schläfenlinie. Es ist denkbar, daß bestimmte Vorgaben im Gesicht einem zu verkörpernden Charakter widersprechen, die es dann abzuschwächen gilt (neutralisieren), andere werden dafür manipuliert in das Gesicht hineingeschminkt und vordergründig herausgestellt. Dieses kann in unterschiedlicher Intensität erfolgen und ist entsprechend der Größe des Theaters vorzunehmen. Der Laiendarsteller braucht nur selten die Überzeichnungen der *großen Oper* mit starken Flächenschatten und kontrastreichen Aufhellungen.

Schon die beim *Beauty-Make-up beim Manne* genannte Nasenschattierung und die markant gezeichnete Augenbraue ist eine deutliche Zeichnung kraftvoller und willensstarker Persönlichkeit. In der ersten Darstellung von aussagestarken Charakteren genügt diese Zeichnung, die vielleicht durch einen leichten bis mittleren Bartschatten unterstützt wird. Das zusätzliche Abschattieren der Schläfe und ein Konturieren der Wangenschatten in dunkelbraun lassen das Mittelgesicht hervortreten. Jetzt sind die ersten Faltenzeichnungen angebracht, die stets weich mit Brauntönen beginnen und dunkelbraun im Strich nachgezogen enden. Sie werden mit dem Pinsel ausgeführt, können aber auch mit dem Derma erfolgen. Stets sind die Konturen zu verwischen, um nicht als Strich zu gelten.

Nasenformen (Weichplastik)

Typisch sind die bei energiegeladenen Menschen in der Anspannung auftretenden und später im statischen Erscheinungsbild ausgeprägten Denker- oder Zornesfalten, die sich beim Zusammenkneifen der Augen bilden, beispielsweise bei Konzentration, Zorn und Rage und beim kritischen Betrachten. Sie stehen für die Willenskraft eines Menschen. Es handelt sich meistens um zwei Faltenbildungen von unterschiedlicher Länge, die aus der Nasenwurzel herauskommen. Häufig besteht zusätzlich eine Querfalte in der Nasenwurzel, wie wir sie von Michelangelos DAVID her kennen. Diese Kämpferfalte kommt vom konzentrierten Anvisieren eines Gegners und ist bei jedem Kampfsportler mehr oder weniger ausgeprägt vorhanden.

Die Umzeichnung der Augen ist als schmaler, dunkelbrauner Schatten anzulegen und verträgt einen stärkeren Lidstrich. Der Ansatz einer Faltenbildung unter dem Auge unterbricht die Fläche, ohne deswegen einen Tränensack herauszustellen. Das Oberlid ist dunkler als üblich abzudecken. In diesem Zusammenhang ist der aus der Nasenwurzel herauskommende Nasenwandschatten entsprechend stark zu betonen und bis zur Nasenspitze durchzuführen. Das Umzeichnen der Nasenflügel profiliert und die Nasolabialfalte (Nasenlippenfalte) bringt einen strengen Zug in den Mundbereich. Der Mund selbst ist eventuell strichförmig gehalten und die Mundwinkelfalte ergänzt das Bild. Abschließend wird das Kinn durch ein Abschattieren der Kinnlippenfalte abgegrenzt.

Die zweite Version besteht in der Verstärkung der vorgenannten Konturierungen durch das Gegensetzen von Aufhellungen. Nun ist es nicht ratsam, alle hervortretenden Modellierungen aufzuhellen, weil es als Alterszeichnung angesehen werden kann. Zum anderen müssen die Schattentöne dominieren und nicht die aufgehellten Flächen. Gerade in diesen Masken muß viel Natürlichkeit enthalten sein und es ist großes Einfühlungsvermögen erforderlich. Die Entscheidung, welche Flächen mehr oder nicht betont werden sollen, bleibt dem Empfinden und Beurteilungsvermögen des einzelnen überlassen.

Starken Eindruck hinterläßt allein das Aufhellen des Nasenrückens und der Jochbeine. Beide treten dadurch optisch hervor und zeigen sich als herausragendes Merkmal. Vielleicht vertragen die Nasenflügel und die Schläfenlinie noch eine Abgrenzung, aber mehr wäre schon zuviel. Hierbei kann durch ein dunkles Absetzen der Nasenöffnung Schärfe in die Nasenspitze gebracht werden.

Die Augenbrauen sind das karge Überbleibsel der einstigen Ganzheitsbehaarung des Menschen. Je feinliniger sie sind, desto mehr ist die Evolutionsstufe erkennbar, kann aber ebenso schon Degenerationsform sein. Daher spielt die markante Brauenform für den Ausdruck von Willensstärke bis Brutalität eine bedeutende Rolle. Eine geschwungene Braue gilt als weiche Form und ist daher in einem solchen Gesicht unpassend. Die gerade Braue mit einer Ecke im letzten Drittel bringt Härte in das Bild. Sie kann schon im Ansatz eckig oder wuchtig aus der Nasenwurzel herauskommen oder hart an den aufstrebenden Falten beginnen.

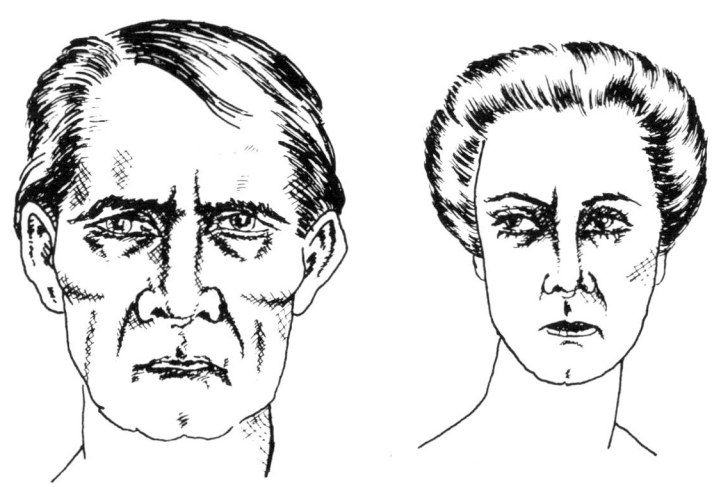

Abb. links: männlicher Kopf mit Charakterzeichnung und starker Augenbetonung; aber weicher Frisur. Mund schmal.
Abb. rechts: weiblicher Kopf mit Charakterzeichnung und starker Augenbetonung. Augenbrauen flach und markant; Mund verkniffen.

Die starken Frauencharaktere kennen in der Darstellung weniger die Konturierung der Flächen. Hier äußert sich die Härte mehr in der Kühle des Hauttones und im Unterlassen von Rougeeffekten. Bis auf einen Wangen- und Nasenschatten sind alle anderen Schattierungen möglichst zu vermeiden. Allein im Setzen der Braue und in der Augenbetonung wird z. B. *Herrschsucht* ausgedrückt. Immer ist in die Konzeption die Überlegung einzubeziehen, ob sich die zu verkörpernde Frau schminkt oder nicht. Entsprechend sind die Farben zu wählen, um auch dieses zum Ausdruck zu bringen. Frisur oder Perücke tragen zum Erscheinungsbild bei, unterstützt bei den Männern oftmals noch durch eine Barttracht.

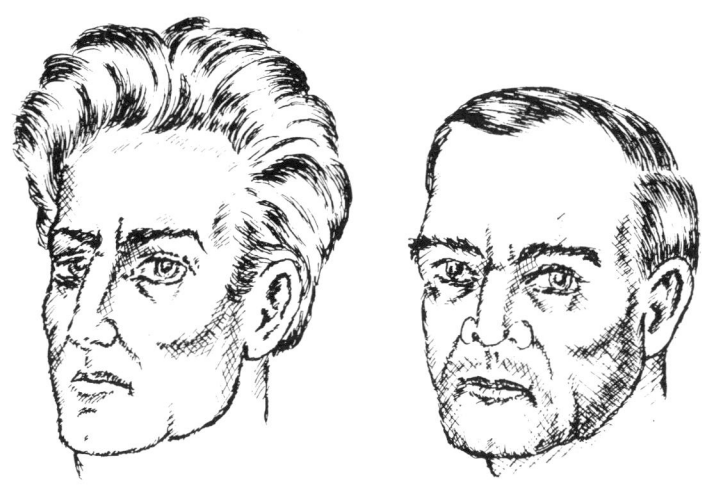

Abb. links: männlicher Kopf markant gezeichnet. Klassischer
Kopf.
Abb. rechts: männlicher Kopf, stark abgeschattet und markant ge-
zeichnet. Starke Augenbraue.

Abb. links: klassischer Kopf mit markanten Zügen, starkem Na-
senprofil und eckiger Braue.
Abb. rechts: Don Quijote; irrealer Kopf mit starker Charakterzeichnung und borstiger Augenbraue.

Das Schminken von Altersbildern

Mit der Flächenschattierung und teilweisen Aufhellung werden Charakterbilder in das Gesicht modelliert, wobei Detailzeichnungen den Eindruck verstärken und einen ganz bestimmten Typ kennzeichnen. Mit dem Heranreifen prägen sich die ersten Konturen aus und zeigen damit neben dem Charakter das Bild einer Altersstufe, wenn auch nur angedeutet. Sehen wir diese Formgebung als Anfang zu verschiedenen Stadien an, die bis ins hohe Alter reichen und im Endstadium durch Muskelerschlaffung und Hautwelkung, durch schlohweißes Haar und kahlen Kopf gekennzeichnet sind.

In allen Phasen finden sich im Gesicht Alter und Charakter, und doch kann im geschminkten Gesicht das Nebeneinander irritieren und in der Überladenheit die Bühnenfigur verzeichnen. Hier kommt es auf die richtige Dosierung an, so daß man nur die notwendigen Merkmale berücksichtigen darf. Sie sollen aussagestark und aussagerichtig sein und gleichzeitig in das Gesicht passen. Verständlicherweise kann man einem jungen Gesicht kein Alter aufzwingen und kann nur bedingt Altersmerkmale einbringen. Der Darsteller muß sich auch entsprechend zu bewegen verstehen. Folglich muß die Gesamterscheinung gesehen und der Kopf entsprechend angepaßt sein. Nichts wäre schlimmer, als wenn die Maskenkunst durch einen Charakterkopf dominiert, der alle Blicke auf sich lenkt und doch der Sachlichkeit entbehrt und fehl am Platze ist.

Wir unterscheiden vom Erscheinungsbild her zwischen dem jugendlichen Greis und dem greisenhaften Jüngling, zwischen einem ausgeprägten, alten Charakterkopf mit durchmodellierten Gesichtsorganen und Zügen und einem hinfälligen Altersgesicht, wo die Hautwelkung und Furchung vordergründig stehen und die Charaktermerkmale durch den altersmäßigen Verfall ihre Dominanz verloren haben.

Die normale Haut besitzt in ihrer Struktur eine farbliche Unruhe. Sie kann daher als idealer Untergrund für das Altschminken dienen und wir können eventuell auf einen Grundteint verzichten. Wir legen Aufhellungen und Schatten auf und setzen Details. Ist der Hautcharakter ungeeignet oder der Teint zu farbfreudig, müssen wir grundieren. Als Basis-Make-up wählen wir einen Naturton (4w von KRYOLAN), um von vornherein eine farbliche Entfremdung durch Verwendung von aschig-hellen Schminken zu vermeiden, wie sie vielfach für das Altschminken empfohlen werden. Durch das Aneinandersetzen von Hell und Dunkel erzielt man im Effekt Höhen und Tiefen in einem Gesicht, die eine Unterbrechung der Fläche bewirken und es charakterlich und altersmäßig zeichnen. Damit bringt man genügend Farbvielfalt ein, so daß man sich einen typischen Greisenteint ersparen kann.

Die Flächenschattierungen und Aufhellungen besprach ich im vorangegangenen Abschnitt. Abweichend vom Genannten ist es für den Arbeitsablauf beim Altschminken unangebracht, mit dem Abschattieren zu beginnen, sondern wir hellen zuvor auf. Dadurch verschaffen wir uns einen Überblick, sehen die helle Farbwirkung und können die Intensität besser bestimmen. Schließlich entscheiden diese Modellierungen das Bild, weil sie die Grundlage der Altmaske bilden, auf dem anschließend Schatten, Konturen und flächige Unruhe aufgebracht werden.

Zum Aufhellen benutzen wir hellaschige Schminke (z. B. KRYO-LAN 521, Ivory, G 111A oder GG). Das sind Farben, wie man sie in einem alten Gesicht findet. Blaßrosa Töne dagegen beleben die Fläche und schmeicheln. Das ist mit dem typischen Erscheinungsbild eines Altgesichtes nicht vereinbar. Farbliche Belebung soll sich lediglich durch unruhige Rottöne bemerkbar machen, die fleckig oder als Durchblutungsstörung erscheinen.

Zu den hervorzuhebenden Merkmalen zählen vorrangig Jochbein, Nasenrücken und die Stirnmodellierung. Daneben sind es die Aufhellung neben der Nasolabialfalte, das Kinn, und in der späteren Altersphase die Tränensäcke und die überfallenden Decklider, die einer Betonung bedürfen.

Die Schattentöne werden dagegengesetzt und zusätzlich in die Fläche als Vertiefung oder Kontur eingezeichnet. Wenn beim Charakterschminken Brauntöne Verwendung finden, so sind diese auch hier bevorzugt. Hinzu kommt als zweite Farbe Grau, dem gelegentlich ein wenig Altrot beigemischt wird. Die Mischfarben bringen Leben in die Schatten, wobei gerade das Altrot gleichzeitig hart konturiert und daher nur in der höchsten Altersstufe Verwendung findet.

Große Bedeutung beim Altschminken hat das Augenumfeld. Hier konzentriert sich die Ausdrucksmöglichkeit von Altersdarstellungen, die soviel Aussage erhalten können, daß die Flächen eine untergeordnete Rolle spielen. Diesen großen Spielraum zu Veränderungen werden wir nutzen und zum Schwerpunkt erklären. Die erste Schattierung wurde unter: *Die aussagestarken Charaktere* beschrieben. Mit der Dunkelumrandung und dem Nasenschatten kommt eine Vertiefung zustande, die durch einen leichten, aus dem inneren Augenwinkel kommenden Schatten unterstrichen wird, der sich zum Tränensack erstreckt, ohne ihn deswegen hervorzuheben. Im äußeren Augenwinkel bilden sich später die Krähenfüßchen oder Schläfenfalten. Jetzt kann sich dort schon die Augenhöhlenfurche durch einen Schatten bemerkbar machen. Ich verwende zur Schattenzeichnung Brauntöne, vielleicht unterstützt durch ein wenig Grau.

In der Steigerung verstärken wir diese Vorgaben und legen in den inneren Augenwinkel konzentriert dunkel an, welches sowohl auf das Oberlid als auch in die Faltenbildung zum Tränensack ausgestrichen wird. In dieser Altersphase kann sich der Tränensack erstmalig abzeichnen. Die höchste Altersstufe kennt die Ausprägung und die Faltenbildung. Direkt unter dem Auge ist eine leichte bis starke Rötung des Lides vorhanden, welche das Auge alt und krank macht. Die Deckfalte des Oberlids ist durch Erschlaffung des Augenringmuskels aus der Form geraten und überlagert das Oberlid im äußeren Augenwinkel wulstartig. Dieses läßt sich durch helle Schminke nachvollziehen. Auch die Augenbraue hängt form- und konturlos herab. Augenbrauen und Wimpern sind weiß zu tuschen.

Abb. links: Altersauge. Abb. rechts: alter Mann.

Vom Augenbereich ausgehend zeichnen sich in der Nasenwurzel die aufstrebenden Falten deutlich ab. Die Stirnpartie ist stark durchmodelliert mit Aufhellungen und Schattierungen, ohne daß deswegen Stirnfalten gezeichnet werden müssen. Sie würden sich auf die Entfernung nur als schmutziges Etwas bemerkbar machen. Die Augenbrauenbogen und Stirnhöcker heben sich hell ab, während die Schläfenlinie im starken Kontrast zum Schläfenschatten steht.

Das Jochbein kann in allen Altersstufen hervorgehoben sein. Ebenso der Nasenrücken und die Nasenflügelwülste. Diese werden durch die Konturzeichnung der Nasenflügelfurche, die in die Nasolabialfalte einläuft, abgesetzt. Der Wangenschatten schattiert und die Wangenfalte unterbricht die Fläche. Auf den Wangen, und hier wieder nahe der Nase, sind Durchblutungsstörungen mit dem Stoppelschwamm zu setzen. Ähnliche Farbflecke lassen sich auf die Nase und Stirn setzen, wie überhaupt eine Unruhe durch kleine Effekte eine Altershaut gut zum Ausdruck bringt, die man auch durch helle, getupfte Farben unterstreichen kann. Der Mund ist quergefurcht zu zeichnen und zeigt damit die Zahnlosigkeit auf.

Bei einem alten Menschen zeigen Hals und Hände ein verändertes Bild. Die Maske darf grundsätzlich nicht am Kinn enden. Die strangartig sich abzeichnende Halsmuskulatur ist durch Auflegen von Hell und einer Dunkelschattierung aufzuzeigen. Die Hände müssen knochig sein mit heller Absetzung und geröteten Fingergelenken. Eventuell ist auch die Äderung nachzuzeichnen.

Ein starkes Deformationsbild hohen Alters ist der Zahnverlust, so daß mit schwarzem Zahnlack verschiedene Zähne abgedeckt werden, welches eine Lücke vortäuscht, siehe: *Zahnlack*.

Logischerweise müssen Gesicht und Haarfarbe aufeinander abgestimmt sein und dem darzustellenden Alter entsprechen. Auch hier gibt es vorzeitig Ergraute und solche, die bis in das hohe Alter dunkelhaarig bleiben und einen vollen Haarschopf behalten. Das ist immer bei einer Altdarstellung zu bedenken.

Das *Anweißen der Haare* setzt Effekte in dieser Richtung und ist optische Information. Das Ergrauen der Haare beginnt an den Schläfen und zeigt sich vielleicht noch in einer Strähne an der Stirn. Wir benutzen zum Antuschen Schläfenweiß oder weiße Naßschminke für kleine Partien. Das Besprühen mit Trockenshampoo mildert die Leuchtkraft gesunden Haares und deckt leicht mit Weiß ab, ohne jedoch haftfähig zu sein und ist daher nicht zu empfehlen. Für das Weißen des ganzen Kopfes ist Haarfarbenspray geeignet. Näheres lesen Sie unter: *Schläfenweiß* nach.

Grundsätzlich soll das Bild des hohen Alters für die Bühne mehr durch die Erscheinung der Figur bestimmt sein, wobei auch der Kopf im Ganzen zu sehen ist. Hier spielt das ergraute oder weiße Haar neben vielleicht wenigen, geschminkten Merkmalen eine große Rolle, weil ich immer in Berücksichtigung des Darstellers und seines Alters keinem Gesicht eine Maske aufzwingen kann.

Eine typische Maske mit hohem Altersgrad und schon am Rande der Glaubwürdigkeit ist die einer *Hexe*. Sie gilt als Fabelwesen, und damit sind der Fantasie beim Schminken keine Grenzen gesetzt. Die übertriebenen Altzeichnungen bestimmen das Aussehen. Ein totaler Zahnverlust läßt sie makaber erscheinen. Die Hexe ist folglich hohlwangig. Sie wird als Bühnenfigur stets in einem mystischen Halbdunkel auftreten, welches Manipulationen erlaubt und die Überzeichnung von Details zuläßt. Das Fehlen beider Zahnreihen führt Ober- und Unterkiefer nahe zusammen, so daß die Annäherung von Nasenspitze und Kinn zangenförmig erscheint. Die Hexennase ist stets knochig und als Adlernase geformt. Für die Bühne muß hier mit plastischem Material gearbeitet werden, wie auch das Kinn eine Erhöhung verträgt.

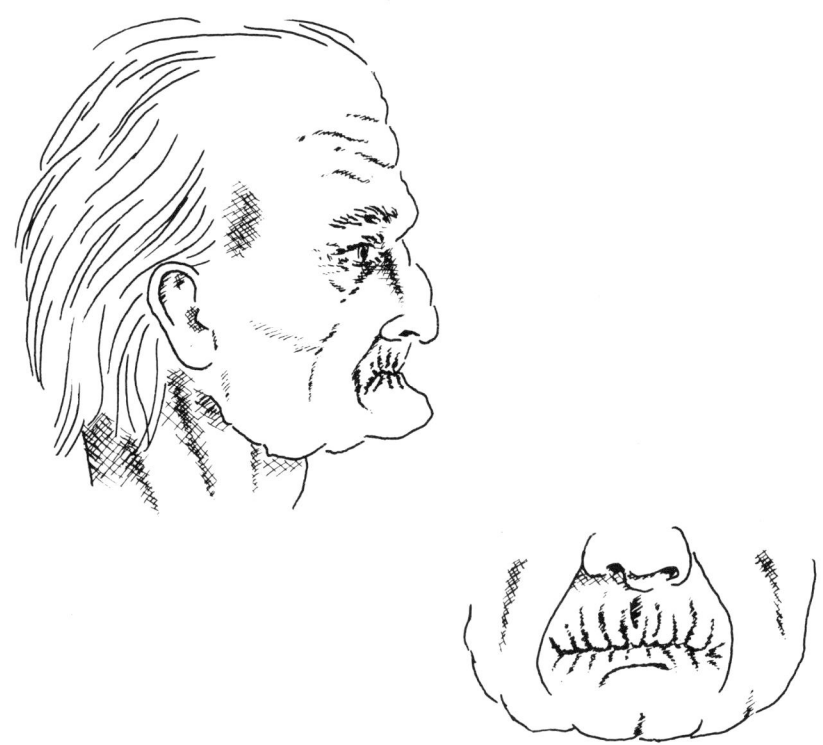

Mundpartien eines alten, zahnlosen Menschen en face und im Profil gesehen.
Erkennbar ist die Annäherung von Kinn und Nasenspitze und die Furchung der Mundpartie.

72

Teintvariationen — Rassenschminken — Besonderheiten

In diesem Abschnitt geht es um Teintvariationen, was man auch immer darunter verstehen mag. Gemeint sind beispielsweise bewußt gesetzte helle Grundfarben, um ein blasiertes Gesicht zu erzielen oder das dunkle Gesicht eines Sonnenanbeters oder *Sonnenbanklers*. Immer ist hierbei ein *Beauty* beabsichtigt mit dem Auflegen von Lidschatten und Rouge — nur, daß sich die hinzukommenden Farben anders äußern und farblich darauf abgestimmt sein müssen. Es ist jedenfalls keine andere Veränderung angestrebt. Die Andersfarbigkeit charakterisiert vom Grundton her und durch Nuancierungen in den Details. Damit geben die bewußt farblich veränderten Gesichter eine bestimmte Aussage ab.

Eine andere Form der Teintvariation ist das Schminken von Südländern, ob nun Italiener, Spanier oder Griechen. Alle gehören der europiden Rasse an und haben nur geringe rasseeigene Merkmale, die mit denen des Mitteleuropäers problemlos vereinbar sind.

Beim Beauty-, Charakter- oder Altersschminken verwenden wir naturfarbene, mitteleuropäische Hauttöne, wie sie gelegentlich auch bei Angehörigen anderer Rassen anzutreffen sind. Durch dieses Basis-Make-up kommt es zu keinem Fremdgefühl. Dieses rufen wir beim Charakter- und Altersschminken erst durch das Flächenschminken hervor und erkennen doch letztlich bei der fertigen Maske die Richtigkeit und Wirksamkeit. Beim Schminken ausdrucksschwacher Gesichter erlebten wir mit der hellen Einfarbigkeit ein ungewohntes Aussehen, um nicht zu sagen ein erschreckendes Bild, weil Mund und Augenbrauen abgedeckt waren. Ähnlich ist es mit dunklem Teint, der ein Fremdgefühl aufkommen läßt, wo sich vielleicht erst durch das vollendete Make-up oder durch die Kostümierung oder später mit dem Gesamteindruck auf der Bühne ein Erkennen der Wirkung einstellt.

Das Schminken eines Südländers

Die wesentlichen, offenkundigen Unterscheidungen zum Mitteleuropäer sind beim Südländer der dunkle Teint und das schwarze Haar. Folglich kommen wir mit einem dunkel gewählten Basisteint aus, ohne im Detail Veränderungen vornehmen zu müssen. Natürlich unterstützt das schwarze Haar die Wirksamkeit, und es ist unumgänglich, das eigene Haar, wenn es andersfarbig ist, schwarz abzuspritzen oder eine Perücke zu benutzen.

Sehen wir uns den Südländer an, so können wir nicht immer einen dunkleren Hautton feststellen. Es kann sogar sein, daß ein Mitteleuropäer, der im Süden seinen Urlaub verlebt, sonnengebräunt und dunkler ist als ein Einheimischer. Grundsätzlich müssen wir theatral denken, indem wir die Aussagenotwendigkeit bedenken und auch das Typische herausstellen, und das heißt, daß wir zwangsläufig einen Südländer dunkel schminken müssen und schwarze Haare zu erstellen haben, um es optisch aufzuzeigen.

Südländerinnen

Wir wählen einen lebhaft-braunen Farbton als Basisschminke (z. B. KRYOLAN 039, 040, 045, 11w) und tragen diesen in gewohnter Weise auf. Primär ist damit der Eindruck vom Südländer erzielt, der vervollständigt wird durch das schwarze Haar und bestimmten Zeichnungen im Detail. Wichtig ist die Augenbetonung, bei der das Umfeld allgemein eine dunkle Umschattung unmittelbar an der Wimpernbasis verträgt. Dazu zählen das Umzeichnen, welches wie gewohnt in braun erfolgt, aber intensiver sein kann. Nachfolgend ist der Lidstrich in schwarz zu zeichnen und damit die Basis zu verstärken. Dieses sowohl bei Frauen und Männern.

Der Lidschatten bei Frauen ist eher in satten Brauntönen als in leuchtenden und hellen Farben anzulegen. Je dunkler ein Grundteint ist, um so mehr verlieren sich Feinheiten. Daher können die Wimpern eine Spur mehr an Farbe vertragen und künstliche sind voller oder größer zu wählen. Diese Andersartigkeit im Augenbereich unterstützt den Eindruck vom fremdrassigen Aussehen. Ein Rouge wird sich auf dunklen Untergrund weniger bemerkbar machen, was nicht bedeutet, daß es deswegen übertrieben aufgetragen werden soll. Der Mund wird sich farblich nicht so sehr abheben wie bei einem hellhäutigen Menschen. Die Lippen, die als ungeschminkt gelten sollen, erscheinen bräunlich-rötlich, während die geschminkten leuchtend rot sein können.

Rassenschminken

ist immer ein Problem oder keines. Es gibt Gesichter, die sich wunderbar verwandeln lassen und andere, wo die Verwandlung zu einem Rassentyp nicht machbar ist. Das Kriterium Hautfarbe kann nachvollzogen und eine entsprechende Farbe in das Gesicht gebracht werden. Würde sich eine Rassenzugehörigkeit allein in der Hautfarbe äußern, so wäre das Schminken eines Rassentyps eine einfache Sache. Die kosmetische Industrie hat alle nur denkbaren Farbtöne anzubieten oder sie lassen sich durch Mischen erzielen. Die reichhaltige Palette der Firma KRYOLAN ermöglicht die Veränderung zu allen Rassentypen. Das ist natürlich ein Plus für unser Vorhaben.

Neben den Rassentönen spielt vor allem die Haarfarbe und -eigenart eine große Rolle bei der Verwandlung. Kennen wir beim Europäer blondes, rötliches, braunes und schwarzes Haar, ob dieses nun glatt, gewellt oder lockig ist, so sind neben der beschriebenen europiden Rasse die beiden anderen Großrassen negrid und mongolid vertreten. Beide haben ihre besondere Haareigenart, die sich meistens nur durch eine Perücke erreichen läßt. Doch mehr darüber in den nachfolgenden Beschreibungen der beiden Rassen.

Außer Hautfarbe und Haareigenart sind es typische Merkmale, die sich nur bedingt in ein europides Gesicht übertragen lassen. Man sollte sich hier auf das Wesentliche beschränken und auf eine plastische Formveränderung verzichten und nur entsprechend durch Schminke eine weitgehende Annäherung an das Aussehen des Rassentyps zu erzielen versuchen.

Wir unterscheiden die drei *Großrassen negrid, mongolid und europid* voneinander. Innerhalb dieser Gruppierungen gibt es Unterscheidungen, die für das Theater nur bedingt eine Rolle spielen und den Zuschauer irritieren könnten. Diese Differenzierungen haben ihre Bedeutung und sind zu beachten, und soweit wichtig, auch in die Maske einzubringen. Vorrangig für die Bühne ist die unmißverständliche Rassenkennzeichnung mit treffender Charakteristik. So sind auch gewisse Zugeständnisse zu machen, wie beispielsweise beim Schminken von Indianern. Sie gehören der mongoliden Rasse an und ihre Hautfarbe ist ockerfarben bis gelblich-bräunlich, keinesfalls rötlich wie angenommen. Nun gibt es die Bezeichnung *Rothaut*, die aber auf die Kriegsbemalung zurückzuführen ist. Beim Theaterbesucher hat sich die Rothäutigkeit eingeprägt und so müssen wir dieses bei der Maske berücksichtigen und eine bräunlichrötliche Hautfarbe anbieten.

Das Schminken von mongoliden Rassentypen

Im mongoliden Rassengefüge stellen die Chinesen den größten Anteil. Dazu gehören die Mongolen, Japaner und Koreaner, um nur einige zu nennen. Auch die Indianer und Eskimos sind mongoliden Ursprungs.

Beim Schminken von Angehörigen der mongoliden Rasse überzeichnen wir farblich, wie ich es beim Beispiel *Indianer* genannt habe, und hier sind es Schminken mit einem Gelbanteil. Selbst wenn dieser Grundton bei keinem ausgeprägt vorhanden ist, so weisen wir doch mit dieser Farbe auf die Rassenzugehörigkeit hin. KRYOLAN empfiehlt u. a. 303, 304, 04A, 8A, 8B, *Chinese*.

Außer der Haarfarbe ist es das straffe schwarze Haar, welches den Asiaten kennzeichnet. Es ist drahtig und glatt. Der Haarwuchs ist füllig, der Bartwuchs beim Manne jedoch spärlich. Die Schädelform ist überwiegend breitgesichtig mit hervortretenden Jochbeinen und breiten Unterkieferwinkeln. Hinzu kommt das *Schlitzauge*, eine

Verengung der Lidspalte, welche durch das Überfallen der Deckfalte des Oberlids in ihrer gesamten Breite verursacht wird. Sie fällt in einer Faltenbildung im inneren Augenwinkel (Epikanthus) über das bei Europäern sichtbare, blaßrosa Tränenwärzchen und deckt es ab. Es kommt dadurch zu einer scheinbaren Schrägstellung des Auges. Die Schminkweise der Peking-Oper kennt eine Schrägzeichnung, die sich am Theater eingebürgert hat und praktiziert wird.

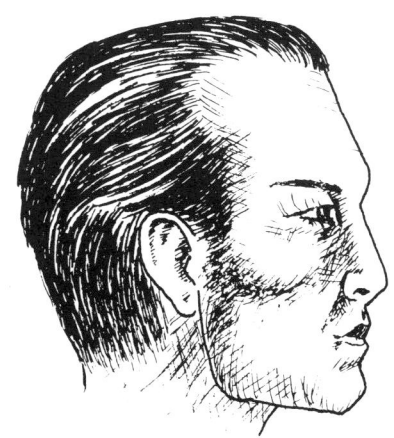

Angehörige der mongoloiden Rasse

Durch das Vorwölben der Deckfalte des Oberlids darf ich beim europiden Auge keinen Lidschatten verwenden. Damit würde ich das Auge um den Effekt der mongoliden Eigenart bringen. Nach der Hautfarbe und Haareigenart ist nämlich das Auge ein typisches Merkmal der mongoliden Rasse. Ich muß die Deckfalte sogar aufhellen, damit sie ein wulstartiges Aussehen bekommt. Auch die auftragenden Jochbeine charakterisieren den *Asiaten* und ich habe sie aufzuhellen, damit sie hervortreten. Dieses kann ich durch einen dagegen gesetzten Schatten noch verstärken.

Das schwarze Haar, bei Frauen noch unterstützt durch eine typische Frisur, läßt in der Bühnenwirkung eine solche Maske glaubwürdig erscheinen. Ich möchte besonders darauf hinweisen, daß für diese Art Maske sehr viel Einfühlungsvermögen vorhanden sein muß und die Maske in ihrer Intensität auf realistisches Geschehen oder auf theatrale Wirkung abzustimmen ist.

Das Schminken von negriden Rassentypen

Die zahlreichen Völkergruppen und Stämme zeigen ein vielfältiges Bild. Immer dominiert der dunkle Hautton, der von einem Schmutzig-Braun über ein Bräunlich-Rötlich bis zum tiefen Schwarz variiert. Der Hautcharakter ist stumpf oder glänzend. Typisch für alle ist das schwarze Kraushaar, welches sich wollig oder kreppig-hart anfaßt.

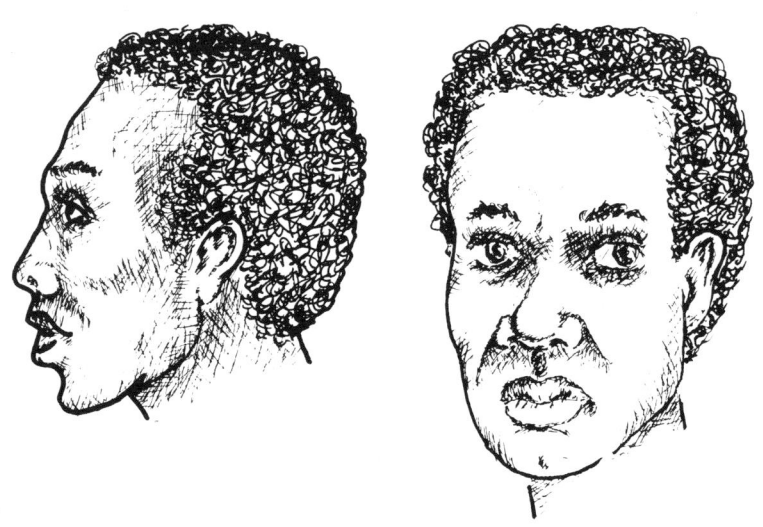

Angehörige der negriden Rasse

Ein bedeutendes Rassencharakteristikum neben Hautfarbe und Haareigenart ist eine durch die Schädelform geprägte Gebißstellung. Der Oberkiefer tritt hervor und überlagert den Unterkiefer (Prognathie). Dieses Vorwölben des Mundteiles ist schminktechnisch nur schwierig nachzuvollziehen. Auch die wulstigen Lippen sind nicht nachzuahmen. Hier läßt sich nur improvisieren, und das mit unterschiedlichem Erfolg, weil es von der Mundpartie des Darstellers abhängt.

Die Lippen besitzen keine ausgeprägte Andersfarbigkeit. Sie sind hautfarben mit einer deutlich abgesetzten Kontur. Der Mund innen ist hellfleischfarben. Lippen, die ungeschminkt gelten sollen, dürfen keinesfalls rot angefärbt sein. Blaßrosa bis Rötlich-Braun sind erprobte Farben für den Mund, während bei Frauen ein Anteil Rot hinzukommen kann. Das Lippenprofil kann eventuell eine helle Konturzeichnung vertragen.

Als Basisschminke werden von KRYOLAN 043, 101 und 102 genannt. Bei einer dunklen Schminke hebt sich das Weiß des Augapfels deutlich ab. Das Auge erscheint dadurch größer, und trägt damit zum Entfremdungseffekt bei. — Grundsätzlich sind außergewöhnliche Farben wie Weiß und Dunkelbraun oder Schwarz sehr diffizil zu handhaben. Sie lassen sich nur schwierig auftragen und verteilen, flecken leicht und verschmieren bei Berührung. Sie färben ab und beschmutzen die Kleidung.

Wenn bei einer hautfarbenen Schminke die Übereinstimmung zur ungeschminkten Hautpartie vorliegt und nicht mit Naßschminke beigeschminkt werden muß, so sind bei extremen Farben grundsätzlich die sichtbaren Teile des Körpers farblich mit Naßschminke anzupassen.

Wichtig für das Erscheinungsbild ist eine Perücke mit der krausen Struktur des negriden Haares.

Das Schminken von Transvestitenmasken

Warum ich das Transvestitenschminken in das Programm aufgenommen habe und ihm soviel Bedeutung beimesse, werden sie fragen. Es kommt in der Praxis selten, vielleicht gar nicht vor, und doch sehe ich im Gestalten eines Transvestiten-Make-up die Möglichkeit, daß sich der Mann mit dem Beauty einer Frau auseinandersetzt, wenn es auch in einer überzeichneten Form gefordert wird. Er kann damit nicht nur seine Wandlungsfähigkeit erproben, sondern er ist mit dem Wissen und Können in der Lage, gegebenenfalls Frauen in einer Theateraufführung zu schminken oder Hilfestellung zu geben.

Das Schminken einer Transvestitenmaske entspricht dem Beauty-Make-up der Frau. Es ist jedoch bewußt stärker akzentuiert und besitzt eine deutliche feminine Aussage. Damit ist die Maske in ihrer Überzeichnung als Stilmittel anzusehen. Sehen wir uns Transvestiten an, so erleben wir gekonnte Gestik und Mimik und die Gesichter erscheinen uns bildhaft schön und treffend kopiert. Das setzt nicht nur Einfühlungsvermögen und ein Studium ihres *Opfers* voraus, sondern auch die Ausdrucksfähigkeit und das *Know-how* des Make-up. Es ist ein anspruchsvolles Make-up, weil es um eine Überbetonung des Schönen geht und dieses auf heller Grundlage erfolgt, wo Flächenbetonungen und Details sauber aufgebracht werden müssen. Mit Fettschminke als Grundlage erreichen wir wenig. Schon beim Grundieren erkennen wir die Unzulänglichkeit. Ihre Transparenz ermöglicht nicht die notwendige Deckung und wir erreichen nicht die absolute, makellose Schönheit, die für ein *frauliches* Beauty unumgänglich ist. Die männliche Haut ist ein weiterer Faktor, wo sich die derbe Struktur und eventuell ein Bartschatten bei normaler Schminke abzeichnen und störend bemerkbar machen. Folglich benötigen wir eine Schminke mit zuverlässiger Deckkraft und überzeugender, schmeichelnder Weichheit. Nun wissen wir aus Erfahrung, daß wir beim Beauty bestimmte Flächen mit Deckcreme vorbehandeln. Die Wirksamkeit dieser speziellen Schminke verbessert deutlich das Aussehen und die Ausstrahlung. Wir nutzen diese Erkenntnis und verwenden Deckcreme in der Farbe DN (KRYOLAN) als Basis-Make-up. Damit ist der Hauteigenart der Frau nachempfunden und das Gelingen einer Transvestitenmaske durch die einwandfreie Grundlage möglich.

Die Deckcreme wird wie normale Fettschminke und in gewohnter Weise aufgetragen. Die festere Konsistenz erfordert ein nachfolgendes Überwischen mit den Fingern. Damit ist die Gleichmäßigkeit gewährleistet und eine einwandfreie Bindung zur Haut hergestellt. Anschließend wird sorgfältig abgepudert, da wir mit Trockenschminke weiterarbeiten. Auf der hellen Basis heben sich Augenbetonung, Rouge und Lippen klar ab. Die Farben sind daher sorgfältig zu wählen, sauber zu plazieren und ausdrucksvoll zur Geltung zu bringen.

Den Lidschatten legen wir farblich intensiver an als beim Beauty für die Frau. Er darf bunter, farbfreudiger sein und das Modische kann stärker einfließen und sogar dominieren. Auch der Lidstrich erscheint als gesetzte Kontur in Überzeichnung, da das Transvestiten-Make-up grundsätzlich auf *ein Geschminktsein in Bühnenwirkung* basiert. Ohne künstliche Wimpern kommen Sie nicht aus. Diese wählt man in außergewöhnlicher Größe, und ich habe Wimpern übereinander geklebt, ohne daß es ein Zuviel war. Das Auge erhält die notwendige, stärkere Ausdruckskraft. Ebenso ist ein Kleben von Unterwimpern erforderlich.

Die männliche Augenbraue ist allgemein füllig und in dieser Formgebung nicht akzeptabel. Wir können sie nicht ausrasieren, und doch müssen wir die weibliche Brauenform erstellen, die schmal gehalten ist und sich im Halbrund über dem Auge wölbt. Folglich decken wir die Braue mit Weichplastik im unteren Teil ab und zeichnen im oberen Bereich in eleganter, schwungvoller Führung die Brauenführung ein.

Das Rouge darf sich farbfreudig und gesättigt zeigen. Das männliche Gesicht verträgt mehr Konturierung, welches wie beim Beauty der Frau unterhalb des Jochbeines angelegt und über dieses hochgezogen wird.

Die Lippen bei einer Frau sind vollplastisch. Da der männliche Mund nur selten aufträgt und auch das Lippenprofil schmal ist, muß ich diese überzeichnen und eine Lippenkontur eventuell auf der Oberlippe zeichnen. Helle Töne und Glanzeffekte tragen zur Vergrößerung des Mundes bei.

Das Schminken des Halsausschnittes und der Arme ist unumgänglich, doch weniger wegen der farblichen Anpassung, sondern aus Gründen einer gewünschten Weichzeichnung. Bevorzugen Sie zarte, roséfarbene Naßschminken, die einen Samteffekt haben können. Doch erst die Perücke vervollständigt das Bild.

Das Schminken von Rokokofiguren

Zu den Besonderheiten am Theater zählt das Schminken von Rokokofiguren. Es ist bekannt, daß die Hofgesellschaft jener Zeit ihre Gesichter hell gepudert und Rouge aufgelegt hat, daß sie die Augenbrauen zum Teil abrasierte und im Strich nachzog, sich Lidschatten auflegte und die Münder schminkte. Außerdem wurden die Haare geweißt oder man trug weißhaarige Perücken.

Wir vollziehen den Pudereffekt nach und wählen einen hellen Farbton als Basis-Make-up. Hierfür eignen sich Fettschminken in den Farben 1w bis 3w von KRYOLAN oder Deckcreme DN. Immer ist kräftig abzupudern, um eine stumpfe Oberfläche zu erzielen. Der Lidschatten erfolgt in Art der Betonung des ganzen Oberlids, wobei bewußt bunte Farben wie beispielsweise Blau vorherrschen. Auch bei den *ausgeflippten* Männern jener Zeitepoche ist dieses vertretbar. Ansonsten sind bei ihnen Brauntöne weniger aufdringlich und zu empfehlen. Die Wimpern werden getuscht und bei Bedarf künstliche hinzugeklebt, selbst wenn auf Bildnissen aus dem Rokoko keine Wimpernbetonung erkennbar ist. Hier sehen wir oftmals ausrasierte und dann höher eingezeichnete Augenbrauen im schmalen Strich.

Für das Wangenrouge eignen sich Rosé- bis helle Rottöne, welches nicht wie bei der modernen Rougekonturierung unterhalb des Jochbeines angelegt wird, sondern zwischen Jochbein und Nase.

Dieses geschieht auch nicht in Form der Pausbäckigkeit mit der unteren Randbetonung, sondern als runde, bewußt gesetzte Rougefläche. Die Lippen sind klein gehalten und nur im mittleren Teil ausgeschminkt. Selbst bei Männern ist das Lippenschminken üblich, und sollte dieses erkennbar gemacht werden, so muß es stark überzeichnet sein. Wesentliches Kennzeichen des Rokoko ist die *Mouche*, ein farbiges, meistens schwarzes Schönheitspflästerchen, welches das Augenmerk auf sich lenkte und an bestimmten Stellen wie Mundpartie, Augennähe oder Decollete plaziert wurde und eine entsprechende Bedeutung hatte. Dieses läßt sich mit dem Derma zeichnen.

Rokokotypen

Heutzutage wird niemand auf den Gedanken kommen, seine Haare für eine Theateraufführung zu weißen. Die Verwendung von entsprechenden Perücken ist obligatorisch.

Nachwort

Ein Buch ist nicht vergleichbar mit dem Erlebnis *Schminkseminar*. Es kann nicht die Erkenntnis vermitteln, die die Konfrontation mit der Praxis zu geben vermag. Das Erstellen der vielfältigen und anspruchsvollen Masken unter Berücksichtigung der individuellen Eigenart ist immer wieder eine Überraschung für den einzelnen, wenn er sieht, wie wandlungsfähig sein Gesicht ist, oder wie sich die Gesichter der anderen verändern, was mit Schminke machbar ist und was die gekonnte Anwendung mit oftmals geringem Materialaufwand bewirkt. Vorausgesetzt wird immer das notwendige Einfühlungsvermögen und die Kreativität, und auch das Wissen um das *Know-how* des Schminkens.

Das Buch beansprucht nicht mehr zu sein als ein Nachschlagewerk für den Seminarteilnehmer. Für den Außenstehenden wird es das Interesse wecken, und es gibt ihm die Möglichkeit der Erprobung nach Anweisung. Immer gab ich zu verstehen, daß die Auseinandersetzung mit dem Rollencharakter eine sachliche Maskengestaltung überhaupt erst ermöglicht und gleichzeitig aufzeigt, was zur Kennzeichnung der Bühnenfigur und zur Unterstützung der Darstellung erforderlich ist und in das Gesicht geschminkt werden muß. Mehr soll und darf es nicht sein!

Die verschiedenen Beispiele von Schminkmasken sind nur ein Bruchteil dessen, was maskenbildnerisch möglich ist. Ein Mehr an Information würde den Rahmen eines Buches für den Laiendarsteller sprengen. Ich möchte abschließend noch einmal auf das professionelle Wissen und Können eines Maskenbildners hinweisen, den sie als Fachkraft ansprechen und zur Mitarbeit gewinnen können.

Das Maskenbild ist Bestandteil der visuellen Inszenierungskonzeption und als solches von Bedeutung für die Aussage. Dieses ist nicht überzubewerten und auch nicht zu unterschätzen. Die Maske soll hierbei den Rollencharakter verdeutlichen und den Darsteller in der Gestaltung seiner Rolle unterstützen. Stets ist die Maske individuell anzulegen, so daß man sich mit ihr identifiziert und sie als Teil seiner selbst ansieht. Mit dieser Einstellung zum Schminken werden Sie die Maske richtig gestalten und ich sage Ihnen zum Gelingen toi, toi, toi!

Anhang

Tabellen und Empfehlungen aus »KRYOLAN Theaterschminkfibel«

Fettschminken

Produkt	Verpackungs-form	Inhalt	Verwendung	Besonderes
Supracolor-Teintschminke	Dose	15 g 50 g 100 g	Meist gebräuchliche Bühnenschminke	300 Grund-, Schattier- und Buntfarben
Supracolor-Teintschminke	Schmink-palette	6 Farben 12 Farben 24 Farben	Film, TV, Theater, Fantasie	meistgebräuchliche Sort erungen: Bühne – für Schattierungen bunt
Paint-Stick	Drehhülse	30 g	Für Bühne, Film und Fernsehen	100 Grund- und Schattierfarben
TV-Paint-Stick	Drehhülse	30 g	Film, TV	60 Standardfarben, matter als Paint-Stick
Face-Cream-Stick	Drehhülse	15 g	Film, TV, privat	zarttonend 30 Standardfarben
TV-Foundation-Cream	Etui	20 g	Film, TV, privat	zarttonend 30 Standardfarben
Stangenschminke Form A	Stange	20 g	Amateurtheater, Bühne	40 Standardfarben
Korrekturstangen-schminke, Form B	Stange	10 g	Amateurtheater, Bühne	25 Standardfarben

Fettschminken

Produkt	Verpackungsform	Inhalt	Verwendung	Besonderes
Ölschminke	Flasche	250 ml 500 ml 1000 ml	Unterwasserfilmaufnahmen und besondere Effekte	30 Standardfarben
Spezial-Teint für Gummiplastiken	Dose	50 g	Zum Schminken von Gummiplastiken	90 Farben
Deck-Creme-Teint	Dose	20 g 50 g	Intensivschminke für Bühne und Varieté	zum Abdecken von Hautfehlern, Augenschatten usw. 16 Farben
Deckstift	Messing-drehhülse	4 g	Abdecken von Hautfehlern Bühne, Film und Fernsehen	6 Farben
Clown-weiß	Dose	20 g 50 g 100 g		Stark deckender Clownteint
Leuchtschminke phosphoreszierend (nachleuchtend)	Dose	20 g 50 g 100 g	Bühne, Varieté	gelb, grün Nach Bestrahlung durch eine Lichtquelle 2–3 Minuten nachleuchtend
Leuchtschminke fluoreszierend	Dose	20 g 50 g	Bühne, Varieté	weiß, rosa, rot, lila, blau, grün, gelb Leuchten nur bei Bestrahlung durch eine Ultraviolettlampe
Interferenz-Teintschminke	Dose	15 g 45 g	Bühne, Varieté	in vielen Farben, auch gold, silber, kupfer, perlmutt. Schminken mit Glanzeffekt ohne Metallbronzen

Naßschminken

Produkt	Handelsform	Konsistenz	Verwendung	Deckkraft	Auftragsform	Besonderes
Aquacolor-Naßschminke	Dose	Kompaktcreme	vielseitig verwendbar als Körperschminke und Grundtönung	stark deckend	mit feuchtem, feinporigem Schwamm. Nach dem Trocknen leicht überreiben	in 300 Bunt- und Teintfarben
Naßschminke flüssig	Flasche	flüssig	Körperschminke. Für große Hautpartien und Massenszenen besonders geeignet	intensiv deckend	mit Pinsel oder feinporigem Schwamm	
Interferenz-Naßschminke	Flasche	flüssig	vielseitig, Körperschminke mit Glanzeffekt	intensiv deckend	mit feuchtem Schwamm. Nach dem Trocknen leicht überreiben	fei von Metallbronzen
Body Make-up Powder	Dose	puderförmig	vielseitig, als Körperschminke und Grundteint mit Glanzeffekt, auch für dunkle Masken geeignet	stark deckend	mit feuchtem, feinporigem Schwamm. Nach dem Trocknen leicht überreiben	wegen Glanzeffekt bei TV nur begrenzt verwendungsfähig
Glanzliquid	Flasche	flüssig	für spezielle Glanzeffekte, auch für empfindliche Haut geeignet	gut	mit feuchtem, feinporigem Schwamm	frei von Metallbronzen, nur in gold, silber und kupfer lieferbar
Beauty Make-up Milk	Flasche	flüssige Schminkemulsion	Kammerspiel, Film und Fernsehen	zarttönend	mit feuchtem, feinporigem Schwamm	sehr begrenzte Farbauswahl, keine Buntfarben
Cake Make-up	Dose	kompakter Cremepuder	vielseitig verwendbar, Gesichtstönung, Körperschminke	gut	mit feuchtem, feinporigem Schwamm	wetterbeständig
Exotenteint	Flasche	flüssig	Als nicht deckende, aber gut färbende Hauttönung	nicht deckend	mit feuchtem, feinporigem Schwamm	transparente, pigmentfreie Naßschminke
Tagesleuchtfarben-Schminke	Dose	Kompaktcreme	Bühne, Varieté	gut	mit feuchtem, feinporigem Schwamm	gelt, orange, rot, blau, grün. Bereits bei normalem Licht von greller Farbwirkung. Leuchten bei Bestrahlung durch eine UV-Lichtquelle

Film- und Theaterblut

Sorte	Farbe	Art	Anwendung		Besonderes
Filmblut A	dunkelrot	geleeähnlich	Bühne (Film, TV)	äußerlich	farbintensiv, schwer trocknend
Spezial-Filmblut	hellrot dunkelrot	etwas dickflüssig	Bühne, Film, TV überwiegend Bühne	äußerlich	aus fast allen Geweben mit Wasser und Waschmitteln auswaschbar
Blutkissen extern	hellrot	Spezial-Filmblut in dünner Folie 3×3 cm, 4×4 cm	Bühne, Film, TV	äußerlich	auswaschbar, begrenzt lagerfähig
Blutkissen intern	hellrot	Flüssiges Blut in dünner Folie 1,5×1,5 cm 1,5×0,5 cm	Bühne Film, TV	im Mund in der Nase	nur begrenzt lagerfähig
Gelatinekapseln		leer, für 1 ml Inhalt	Bühne	im Mund	zur Selbstfüllung mit Extrasorte G. Nur unmittelbar vor Gebrauch in den Mund nehmen
Filmblut intern G	hellrot	flüssig	Bühne	im Mund	Nur zur Füllung von Gelatinekapseln geeignet
Gelatinekapseln TF	hellrot	Gelatinekapseln mit Trockenfarbstoff	Bühne	im Mund	Beim Zerbeißen der Kapsel färbt der Farbstoff den Speichel rot
Fixblut hell dunkel	hellrot dunkelrot	in Tuben pastos	Bühne, Film, TV überwiegend Bühne	äußerlich	trocknet schnell, abziehbar, mit Aceton leicht entfernbar
Transparentblut	H = hellrot M = mittelrot B = bräunlichrot	flüssig	Bühne, Film, TV	intern und extern d. h. äußerlich und im Mund	Fließt dunkel, ist beim Verstreichen je nach Sorte verschieden blutigrot. Aus vielen Geweben auswaschbar.

Materialien zum Abpudern

Trockenpuder
in Dosen 60 g, 100 g, 500 g
im Beutel 250 g
Gebräuchlichste Farbtöne: Nr. 0 (weiß), Nr. 3 (leicht gelblich).
Weitere Farbtöne: Nr. 1 = rosé
                 Nr. 2 = naturell
                 Nr. 4 = bräunlich
                 Nr. 42 = sonnenbraun hell
                 Nr. 7 = dunkelbraun
Buntfarben: A 1 = blau, A 2 = gelb, A 3 = grün,
              A 4 = hellrot, A 5 = dunkelrot

Transparentpuder
in Dosen 60 g, 500 g
Feiner und transparenter als Trockenpuder.
Bevorzugte Farben: TL 1 = weiß, TL 3 = blaßbeige
Andere Farbnuancen: TL 2 = gelblich, TL 4 = beige,
                     TL 5 = dunkel

Puderquasten
Sie sind aus waschbarem Samt und mit einer Schaumstoffeinlage
ausgerüstet. Zumeist verwendet man die Größe 10 cm ⌀. Erhältlich
ist aber auch die Größe 12 cm ⌀.

Puderbürsten
Sie sind aus lackiertem Holz und haben einen weichen, reinen Zie-
genhaarbesatz. Man benutzt sie zum Entfernen des überschüssigen
Trocken- oder Transparentpuders beim Fixieren.

Puderpinsel
Die besonders weichen Pinsel aus einer feinen Fehaarmischung die-
nen zum behutsamen Auftragen, aber auch zum Entfernen über-
schüssigen Puders, speziell auch an Stellen, die von der Puderbürste
nicht günstig erreicht werden können.
Größe 2 klein   Art.-Nr. 1712
Größe 5 groß   Art.-Nr. 1715
Größe 7 extra groß Art.-Nr. 1717

Bartklebemittel, Klebebänder

Das am meisten benutzte Bartklebemittel ist *Mastix*. Es hat seinen Namen von dem mediterranen Strauch, von dem die kleinen Harzperlen gewonnen werden, die früher die ausschließliche Basis aller Bartklebemittel waren.
KRYOLAN liefert folgende Sorten und Größen:

KRYOLAN-Mastix,
meist verwendetes Bartklebemittel im Theater
Flaschen mit 12, 50, 500, 1000 ml. Die 50-ml-Packung ist eine Weithalsflasche mit einem dicken Ponyhaarpinsel im Verschluß und in den Maskenbildnereien bestens bewährt.
Diese Flasche ist auch leer unter der Artikel-Nr. 2020 zum Selbstnachfüllen erhältlich.

TV-Mastix
ist ein mattes, guthaftendes, schnelltrocknendes, für feinste Ansatztülle geeignetes Klebemittel.
Packungsgrößen: 30, 50, 500, 1000 ml

Mastix P
ist ein Langzeitkleber, wasserhell, mit einer nur kurzen offenen Klebezeit aber intensiven Klebekraft. Der Zeitpunkt des Anklebens muß bei Mastix P sehr sorgfältig bestimmt werden.
Packungsgrößen: 50, 500, 1000 ml

Medizinischer Mastix
Dieser Silikonkleber für extrem empfindliche Haut hat eine geringere Adhäsion als andere Mastixsorten, ist aber hervorragend geeignet zum großflächigen Kleben, speziell zum Ankleben von Schaumstoffteilen und -masken. Zum Entfernen ist ein spezieller »Medizinischer-Mastix-Entferner« erforderlich.
Packungsgrößen: 30, 100, 500, 1000 ml
Mastixreste entfernt man von der Haut mit Spiritus, Mastix-Entferner oder bei empfindlicher Haut mit Mildem-Mastix-Entferner (MME); aus Schnurrbärten, Bart- und Perückenansätzen mit Aceton, Allclear oder Perückenreinigungsmittel. Beim Umgang mit den verschiedenen Lösemitteln sind die entsprechenden Warnhinweise bezüglich etwaiger Feuergefährlichkeit oder Gesundheitsgefährdung und die einschlägigen Vorschriften zu beachten.
Toupets und Schnurrbärte werden häufig auch mit Klebebändern auf der Haut befestigt.

Zum Abschminken

Hierzu benutzt man *Abschminke*, die in verschiedenen Packungsgrößen geliefert wird:
Dosen mit 50 g, 120 g, 350 g
Blechdosen mit 320 g
Eimer mit 5 kg

Aber auch der Einsatz von *Hydro-Abschminköl* ist gebräuchlich. Das hydrophile Abschminköl kann mit klarem Wasser abgewaschen werden, weil der eingearbeitete Emulgator die Verwendung von Seife erübrigt.
In Flaschen mit 100, 250, 500, 1 000, 5 000 ml lieferbar.

Cleansing-Cream
Hydrophile Abschminke in Tuben aus dem exclusiven KRYOLAN-PROFESSIONAL-Programm.

Abschminkpapier
Einlagige, feinweiche Tissuequalität für größeren Verbrauch.
In Kartons à 10 kg.

Erstausstattung für den Amateur

KRYOLAN-Amateur-Schminkkoffer — Art.-Nr. 3002 —

Er enthält
1 Schminkpalette mit 12 verschiedenen Teintschminken
3 Teintschminken Nr. F2, 014, 015
1 Abschminke
3 Aquacolor-Naßschminken F2, 014, 015
1 Aquacolor-Naßschminke weiß 070, klein
1 Trockenpuder
1 Puderquaste
1 Puderbürste
1 Schminkpinsel Nr. 6
2 Schminkschwämme
1 Zahnlack, schwarz
1 Mastix 50 ml
1 Intensiv-Glitter
1 Stange Plastici (weicher Nasenkitt)

1 Dose Wimperntusche, schwarz
2 Dermatographen, schwarz, altrot
1 Spezial-Spitzer für Dermatographen
1 Haarsträhner (Schläfenweiß)
40 cm Wollkrepp, schwarz, grau

Farbempfehlungen für KRYOLAN-Schminken

Grundteints

Damen

Theater:	F2, 015, 033
TV, Film:	NB, 2W, 4W, FS38

Herren

Theater:	F4, F17, 014
TV, Film:	7W, 8W, FS36
Junge Naive	F18
Vamp	406, 1W
Ältere Dame	02, DN
Komische Alte	02, EF21
Greisin	513, G176A
Hexe	F52
Blasser Typ	GG, F1
Junger Held	017, F17
Naturbursche	8W, 04, F10
Älterer Herr	04
Alter Mann	FF7, F54, OA
Greis	F7, 072, F52, 521/FF7
Tod	521, 00
Ägypter	472, DE
Araber	041
Chinese	8A, 8B, 303, 304, 308, CHIN., 04A
Clown	070, Clownweiß
Grieche	014
Inder	459, DIN
Indianer	075, 13

Hawaii	747
Mohr	043
Neger	101, 102
Südeuropäer	09, 045
Zigeuner	039, 040
Japaner	F53, 308, 607, 04A
Japanerin	303, 477, F53, 04A
silbergrau	
silberblau	
silbergrün	
Interferenz-silber	
Interferenz-gold	
silber	

Hilfsfarben

weiß	070
tonweiß	00
hellgrau	FF7, 073, 32D
mittelgrau	074, 32
dunkelgrau	501, 32c
anthrazit	088
blaugrau	517
schwarz	071
hellblau	587
mittelblau	549
intensivblau	091
liderblau	510
dunkelblau	545
türkis hell	090
türkis	türkis 2
pastellgrün	092
hellgrün	511
grün	730
mittelgrün	512
grasgrün	grün 37
blaugrün	grün 21
dunkelgrün	095
olivgrün	502

hell-lila	482
mittel-lila	087
flieder	G 108
lila	098
dunkel-lila	099
beige	522
sonnen-braun hell	716
sonnenbraun	468
hellbraun	503
mittelbraun	579
schattier-braun	SB
dunkelbraun (negerbraun)	101
schwarzbraun	102
rotbraun	046
zartgelb	523
zitronengelb	534
intensivgelb	509
orange	508, 288
orangerot	030
mandarin 032	
rosa	03
hot pink	R22
schattierrot	SR
intensivrot	078
jugendrot	079
carminrot	080
mittelrot	081
altrot I	082
altrot II	altrot

Quellenverzeichnis

Brockhaus, F. A.:   Der Gesundheitsbrockhaus, Wiesba-
den, 1961

Gombrich, Ernst H.:   Kunst, Wahrnehmung, Wirklichkeit,
edition suhrkamp, 1977

Kretschmer, Ernst: Körperbau und Charakter, Springer-
Verlag, Berlin-Göttingen-Heidelberg,
1961

Kryolan: Theater-Schminkfibel, Kryolan GmbH,
Berlin 1984

Lange, Fritz: Die Sprache des menschlichen Antlit-
zes, J. F. Lehmann Verlag München-
Berlin, 1937

Peters, Emil: Menschengestalt und Charakter, Volks-
kraft Verlag,
Teil I, Konstanz (Baden), 1922
Teil II, Emmishofen (Schweiz), 1923

Rheinische Arbeits-
gemeinschaft
Protokolle 1

Band 1 der Thea-
terlehrgangsproto-
kolle ist nicht für
den professionel-
len Regisseur ge-
dacht, sondern er
wendet sich an
Amateur- und
Schultheater-
gruppen. Der
Übungskatalog
kann zu einem
sinnvollen Be-
standteil der Pro-
benarbeit werden.
Themen sind u.a.
Übungen zum bes-
seren Kennenler-
nen und zur besse-
ren Vorstellungs-
kraft sowie Ele-
mentarübungen.

Rheinische Arbeits-
gemeinschaft
Protokolle 2

„Einen leeren
Raum" nannte der
britische Theater-
regisseur Peter
Brook die Bühne
des Theaters. Einen
leeren Raum, den
ein Regisseur mit
Interieurs und Cha-
rakteren füllen
kann. Viel mehr
als dies ist sie je-
doch ein (Frei-)
Raum, den der
Spielende erst mit
seiner Kreativität
zum Leben er-
weckt. Die selb-
ständige Gruppen-
arbeit steht in die-
sem Band im Vor-
dergrund.

Alexander von
Reumont
Ein kreativer Versuch

„Schauspieler
müssen nicht wis-
sen können, son-
dern erfahren kön-
nen, darin liegt das
Geheimnis. Wenn
ihr lernt, die sinn-
liche Gegenwart
der Situation auf
der Bühne selber
zu glauben, nicht
nur zu wissen,
sondern wirklich
zu erfahren, erst
dann macht ihr Ge-
brauch von dem
wunderbaren In-
strument des
menschlichen
Wesens."
Lee Strasberg

Karl Voß
Theater Sel-bermachen – Ein erster Schritt

Das vorliegende
Buch ist das
Resultat mehrjäh-
riger theaterpäd-
agogischer Arbeit.
Es will Impulse
und Hinweise für
die praktische
Durchführung zum
„Selbermachen"
von Theaterkursen
geben. Es ist für
alle, die nach
einem Werk
suchen, um sich
selbst mit Spaß in
das Erlebnis Thea-
ter einarbeiten zu
können.

H. Michaelis/
J. Niedenführ
Spielideen

Der sechste Band
der Reihe befaßt
sich mit Kurztex-
ten für Spielgrup-
pen. Hier werden
von den Autoren,
die als Schauspie-
ler bzw. als Päd-
agogen dieses The-
ma beleuchten,
Hilfestellungen
zur Erarbeitung
von Szenen, Stük-
ken und Rollen an-
geboten. Von dra-
matischen Texten
über Gedichte, bis
hin zu Bewegungs-
abläufen wird die
gesamte Band-
breite des Spiels
behandelt.

Christiana
Rosenberg
Praxis für das Bewegungs-theater

Dieser Band führt
in die Grundele-
mente des Bewe-
gungstheaters ein.
So werden Übun-
gen zur Verbesse-
rung der Körper-
wahrnehmung ver-
mittelt, die helfen,
den eigenen Kör-
per in Spielszenen
intensiv und aus-
drucksvoll einzu-
setzen. Dazu wer-
den außerdem
Übungen und Un-
terrichtsbeispiele
zur Anleitung dar-
gestellt.

Günter Hefft
Das Spiellei-terhandbuch

Darstellendes Spiel
will gelernt sein.
Zur glaubhaften
Verkörperung
einer Bühnenfigur
gehört u. a. die
Beherrschung der
Grundlagen des
darstellenden
Spiels. Dieses
Buch ist als
„Zettelkasten" mit
Handlungsanwei-
sungen gedacht,
die die häufigsten
Probleme bei
Schauspielern und
Spielleitern behan-
deln und Antwor-
ten auf die Frage
„Was mache ich,
wenn …" geben.

Karl Voß
Senioren-theater

Ausgangspunkt
und Einstieg für
den neunten Band
sind Theaterkurse
mit speziellen
Atem-, Lese-,
Lockerungs- und
Darstellungsübun-
gen. Ferner wird
über die praktische
Arbeit in Senioren-
spielgruppen be-
richtet. Zielpunkt
für Aufführungen
ist weniger der
große Theatersaal,
sondern der Ver-
sammlungsraum
von Altenzentren
oder der Treff-
punkt im Pfarrsaal.

Fritz Gesing
Theaterpraxis

In vier Kapiteln
werden die Grund-
lagen der Theater-
arbeit mit Laien
dargestellt. Dabei
wird der Weg vom
ersten Zusammen-
treffen der Theater-
gruppe über die
Bearbeitung eines
Stückes, bis hin
zur endgültigen
Aufführung be-
schrieben. Dazu
wurde vom Autor
eine praxisorien-
tierte, aber gleich-
zeitig auch pro-
blembewußte An-
leitung für Lehrer
oder Spielleiter
ausgearbeitet.

Walter Kamm
Fechten

Das Bühnenfech-
ten gilt als eigen-
ständige Disziplin,
die eine bühnenge-
rechte, handlungs-
und figurenbezo-
gene Umsetzung
fordert. Probenab-
läufe sowie das
Fechten nach
Musik werden
exemplarisch
dargestellt. Mit
jahrzehntelanger
Erfahrung gibt der
Autor Hilfen für
die Gestaltung von
Fechtszenen für
Theater, Film und
Fernsehen, durch
hervorragende
Fotos illustriert.

Norbert Weitz
Die ganzheit-liche Schau-spielpraxis

Das Buch kreist
konzeptionell um
die Frage, wie die
Theaterarbeit mit
Laienschauspie-
lern als Weg der
Selbsterfahrung
zur eigenen Selbst-
verwirklichung
beitragen kann.
Der Mensch ist in
seiner Ganzheit
gefordert, will er
im schöpferischen
Prozeß des Schau-
spielens den inne-
ren Fülle seiner
Individualität Aus-
druck verleihen.

Klaus Lemanczyk
Kindertheater

Diese Buch will
Entscheidungshilfe
für die Improvisa-
tionsarbeit im
Schülertheater an
der Schule geben.
Es ist gedacht als
praxisbezogener
Ratgeber beim Er-
stellen von Theater-
stücken und ihrer
Realisierung auf
der Bühne. Anhand
einer seiner eige-
nen Theaterpro-
duktionen, einem
Märchen aus Peru,
vermittelt der
Autor Einblicke in
das dramatische
Erzählen vor Pub-
likum.

MEYER & MEYER VERLAG

Von-Coels-Str. 390 · D-52080 Aachen
Tel. 0241/55 60 33-35 · Fax 0241/55 82 81